U0783376

PRINCIPALS
OF
ZHONGWEN

中 闻 原 则

法律人的职业信念论纲

董 彦 斌 / 著

当代中国出版社
Contemporary China Publishing House

图书在版编目（CIP）数据

中闻原则：法律人的职业信念论纲／董彦斌著. --
北京：当代中国出版社，2023.2
ISBN 978 - 7 - 5154 - 1245 - 0

Ⅰ. ①中… Ⅱ. ①董… Ⅲ. ①法律工作者—职业道德
—研究 Ⅳ. ①D916.17

中国国家版本馆 CIP 数据核字（2023）第 025134 号

出 版 人　冀祥德
责任编辑　刘文科　刘　照
责任校对　贾云华
印刷监制　刘艳平
封面设计　马　帅　鲁　娟
出版发行　当代中国出版社
地　　址　北京市地安门西大街旌勇里 8 号
网　　址　http://www.ddzg.net
邮政编码　100009
编 辑 部　（010）66572744
市 场 部　（010）66572281　66572157
印　　刷　北京中科印刷有限公司
开　　本　880 毫米×1230 毫米　1/32
印　　张　7 印张　89 千字
版　　次　2023 年 2 月第 1 版
印　　次　2023 年 2 月第 1 次印刷
定　　价　80.00 元

序　言

原则就是人或机构行事所经常依据而不轻易改变的某些法则或标准。

通过杜萌先生的《因你而不同》读者已经能够了解北京市中闻律师事务所不是一间普通的律师事务所，而是一群律师致力打造的一处法律人的微城邦。

中闻律师依据《中闻律师事务所特殊的普通合伙所改制方案》《中闻律师事务所公共团队建设方案》制定的《中闻律师事务所章程》与《中闻律师事务所合伙协议》就是中闻的"宪法性文件"。自2014年改制以来，中闻在新章程和协议的引领下，合伙人和公共团队队伍蓬勃发展，律所规模成长至亚太地区前列，北京办公室位居前五。中闻呈现给业界同仁、客户和社会各界的，不仅是规模、精湛的法律服务，更有与众不同的精神风貌。那么在中闻这所法律人的微城邦中，究竟是什么样的精神内涵让其与众不同呢？

彦斌兄在中国法律杂志社担任执行主编时，就是中闻人的好朋友，他见证了中闻在2014年改制前后的巨大变化，虽然后来他入职法学重镇西南政法大学从事法理和法史的研究，每年的假期和会议期间，彦斌兄总是亲临中闻访谈，并对中闻人的问题发表自己的真知灼见。所以他不仅是中闻蜕变的见证人，也是观察家和参与者，因此，他最有资格发现中闻原则。

这二十条原则，每一条都是中闻人办所的实践所得，但是当这些原则提出来被践行后，或者说实践中总结出这些原则后，它们究竟有些什么理论内涵和实现意义？它们对同行、对法律共同体，对所有心怀梦想的人，对法治中国建设有什么哪怕极其微小的参考价值？同时，这些原则该怎么在坚持中进一步完善，在调整中始终坚守？所谓旁观者清，彦斌兄是喝着汾酒读书、著书的当代晋人，在我看来，他是一位通过法律史学和传统经学的不断反思关注当下的清醒者。希望通过他对中闻原则的解释，我们能够准确看到中闻人在探索建设法律人微城邦的努力，抑或通过他的解释，我们在反思中迭代前行。哈贝马斯说："解释学已告诉我们，只要在自然语言的环境之中活动，我们总是这种语言的参与者，而且，我们所能起到的作用，也不可能超出一个具有反思能力的对话者的范围。"

《中闻原则》这本小册子，诞生于三年新冠疫情期间。在很多人，包括作者和他写作的对象也为疫情所难所困所苦之时，坚持完成《中闻原则》，也是我们在这个充满动荡和不确定性世界的一种处事原则。

目　　录

前　　言

这是一本"微观书"，讨论中闻律师事务所二十年来形成的二十条原则，故为"中闻原则"。

这是一本"宏观书"，讨论法律人的志业、信念、职业理性与生活理性，故为"法律人的理想"。

这是一本"融合书"，讨论法律人关心的原则。原则是规则之魂，指引和补强规则。原则既是法内原则，又展现法外之理。故原则往往大而简约、易交流而多解。在兼容法内法外的意义上，原则具有交叉意义，故指向交叉法学。

这是一本"说出来的想法"。是说出来的关于机构、关于个体发展的想法。鲁滨孙才漂流。一般人都是生活在社群、机构中的个体，无法不面对"群己权界"与"群己共生"的两难或两兼。在这个意义上,这些说出来的想法也值得法律之外大部分行当的人(之所以不敢说全部,是担心有个别例外)了解了解。

柏拉图写了《理想国》,又写了《斐多篇》,一名抽象,一名具体。本书书名中,"原则"抽象,"中闻"具体,书名的结构好比柏拉图写了一本《斐多的理想国》。作此想时,亦觉可喜。

此时我想起自己读过的诗:

不要走在我后面,
我不一定领路;

不要走在我前面,
我不一定跟随;

请走在我旁边,
与我同行。

作者

于 2022 年 9 月

中闻原则二十条

第一条 【**人才原则**】我们选择德才兼备的人。德，是品德，也是价值观；才，是专业，也是与世界和社会的对话能力。

第二条 【**民主原则**】民主是一种生活方式、思维方式、行为方式。民主不是民粹，不是以大众裹挟少数，不是以平庸俘获精英。民主是一种懂得集中智慧的智慧，可谓上智。

第三条 【**制度原则**】制度是统一的、成文的规范化规定。制度约束人的行为，并同时约束上下。制度应当是合理的，刚柔并济的。制度需要尊重人性，并给自由留下空间。

第四条 【稳进原则】 我们崇尚稳进，即稳健型的进步。既不故步自封，也不激进和急进。稳健型的进步具有温和的气质。

第五条 【实体原则】 实体问题就是权利和义务、权力和责任、权利和权力的问题。权利与义务应当相称，权力与责任应该相称，权利与权力应当均衡。实体正义就是当三组问题发生冲突时，能获得公正处理。

第六条 【程序原则】 程序是经过合理设计的办事规程，令办事有章法而不混乱。目标在远方，程序是道路。在人们的共识中，程序升华为具有公正属性的程序正义。

第七条 【执行原则】 执行即落地，落地要接地气，也应有实效。执行是"四有"方针的最重要一环。"四有"即有态度、有方法、有过程、有结果，执行指向有结果。

第八条 【化解利益冲突原则】 利益冲突是资源稀缺下的社会常态。但是，好的文化能做到承认竞争并尊重竞争者，好的措施能做到化冲突为合力。

第九条 【化解时间冲突原则】时间组成了人的生命，人的温暖与快乐都承载于有限的时间之上。联合型的机构往往呈现时间冲突，也就是有限的时间在机构业务与个人业务之间的分配冲突。解决冲突的办法是约定、激励和尊重劳动。

第十条 【公共原则】公共资源的建设是一个"百年老店"的核心要事之一。公共资源的建设指向人、财、事。对律师事务所来说，人是公共团队，财是公共积累，事是公共案源。

第十一条 【律师执业专业化原则】律师和医生被认为是现代社会最具专业化色彩的职业之代表。律师的专业化主要表现在教育、知识、经验和思维等方面。律师执业行为的商业性和公益性都促使律师进一步专业化。律师的专业化是受到社会推定和公认的，优秀律所在此方面不应辜负社会的信任。

第十二条 【行政管理专职化原则】行政管理的专职化是机构扩大后的必然趋势和必由之路。专职化的行政人员要有极强的服务意识和效率意识，具有机构内的"准执法权"并应具备法治意识。

第十三条 **【理想原则】**理想是自己给自己点亮的远方的明灯，是温暖的灯火和激情的动力。理想遵循长期主义。理想不是狂妄。

第十四条 **【格局原则】**做人、做事、看问题的格局要大。格局大包含胸怀宽广、视野开阔、得失钝感、求知敏感等方面。

第十五条 **【爱心原则】**仁爱之心，律师有之。律师应当奔向爱和善良。私人领域的爱是亲情、友情和爱情，公共领域的爱是对陌生人、弱者、受灾者的仁爱之心。中间领域的爱是对自己所在小共同体的认同。

第十六条 **【勇气原则】**律师要有充沛的勇气。律师压力不小，所处情境与所面对问题常显复杂，无勇不立。但律师之勇既不是孤勇，也不是"公牛闯入瓷器店"式的蛮勇，律师之勇应当是智慧之勇、正义之勇，与责任感相连接的大勇。

第十七条 【**底线原则**】律师必须守住底线，不可违法、违背律师职业伦理和违反做人底线。

第十八条 【**适度批评原则**】律师应当是批评家。针对公共事务提出批评与建议是古代士人的情怀，而律师是现代士人之一种。但批评应是适度的、理性的和建设性的。

第十九条 【**公司化与执业自由均衡原则**】大型律师事务所迈向公司化是大势所趋，公司化强调管理，但不应侵犯律师的执业自由。公司化与律师执业自由之间应当呈现均衡关系和均衡状态。

第二十条 【**共同体原则**】律师事务所是律师的共同体，是法律人的理想微城邦。律师是理性的人群、崇尚法治的人群和有责任感的人群，律师事务所的治理应当实现良好制度的普遍遵守，应当尊重每位律师和每位律所成员的权益。

第一条　【人才原则】我们选择德才兼备的人。德，是品德，也是价值观；才，是专业，也是与世界和社会的对话能力。

【述理】

民国时期才人辈出，其中有很多是律师。"救国七君子"中有四位都是律师。从民国时期的律师往事中，我们可以提炼出律师的几大特点：第一，专业化和职业化。他们都曾接受法学训练，拥有法学专业知识和思维，有些还是名校毕业，本身就是时代中的英才。近代是中国新职业形成的重要阶段，在新职业形成的过程中，律师行业对律师所受教育和自身素质的要求极高，律师的内外形象便由此跃然纸上，固化于人们心中。第二，他们在社会当中具有相当的威望。威望来自两方面，一方面是特殊的职业经历，即当时相当多的律师并非以律师为第一职业，而是政界下野后才从事律师行业，这是当时特殊的"高官律师"现象；另一方面来自律师的自身形象塑造，当一个案子有无律师差别巨大，而律师的表现不但在庭审，而且在媒体上都获得各方肯定时，律师的威望，哪怕是区域性的律师在他本地的威望，也就形成了。第三，他们是受人尊重和认同的正义化身。尽管律师不是法官，但是在民众心目中，他们也是专业与正义的化身。律师不是法官，甚至不是"官"，一定意义上，律师的这个民间身份使得他更能获得民间认同。半个世纪后，律师制度恢复，律师在人民心目中的形象也逐渐回归。在律师制度恢复之初，有关律师的文学与影视形象——国内与域外若干的文学、艺术作品也将发达国家中饱满的律师形象带给我们。文艺作品中律师的口才、风采常常激励年轻一代投身法学专业和律师行业。

可以这样说，律师在相当多的人心目中，是法律知识渊博的饱学之士，是法庭上唇枪舌战的能言善辩之士，是辩白明冤的正义守护者。明代大儒吕坤曾言："为人辩冤白谤，是第一天理。"纵向和横

　　　　中闻原则——法律人的职业信念论纲

向的历史与现状启示我们：律师是人才。

　　"律师是人才"是社会所公认的，但在律师事务所，这一最熟悉、平常、正确的理念往往会变成"最熟悉的陌生人"。当然，律所本身是人才荟萃之地，在律所谈人才往往是出于优中选优的考虑。但是，除此之外，我们偶尔还是会忘记律师与人才的关系问题。有时候，人才太多使得我们不觉得人才是人才；有时候，人才与非人才混杂在一起，使得我们分辨不出。人才与非人才并不像身着不同颜色衣服的人，能让我们一眼辨别出来。我们说"鱼龙混杂"，实际上人才与非人才的差别更大，至少鱼和龙的差别更表面化。因此，我们既可能忘记了"律师是人才"这样一条原则，也可能无力且无主动性去辨识人才与非人才。

　　我们将人才原则奉为第一原则，我们的人才原则这样说道："我们选择德才兼备的人。德，是品德，也是价值观；才，是专业，也是与世界和社会的对话能力。"

德才兼备是古已有之的说法，这既是对一个人的基本要求，也是一个人境界与魅力之所在。毫无疑问，德，首先是指品德，任何人如果想要为人所信赖，在一定意义上成为受欢迎的人，那么就要有好的品德，或者说是基本的美德。德，作为一种内在品质，本身超越了博弈。博弈是一种利益计算，极端的博弈化交往让人与人的关系物化。品德则是迷雾里的内在明灯。

人需要自己有德，更需要他人有德。当人融入了一个有基本品德的环境时，他才会产生安全感。否则，不仅心累甚至恐惧，还会让劳动所得得而复失。在一些公共场所，我们听到高声喇叭这样提醒："请看管好随身物品，不要和陌生人说话。"这似乎在警告我们陌生人之中可能存在小偷和骗子，我们提高了警惕，同时也感到紧张和不安。这也从反面说明了基本的品德能够给人带来安全感。

人与人之间的一般交流常常期盼获得快乐，一般不会为了"找不痛快"而聚会。如果是与商业有关的交流，那么希望共赢，谋求利益。帕累托定律向我们揭示了这样一个道理：好的合作是共赢。这是商业文明的新境界，但是，如果你生活在一群无德的人之间，你没有任何安全感，又何谈共赢与牟利呢？

现代社会是公域和私域分离的，一个人的品德如何，在公共领域中并不容易很快呈现出来，也就是说所谓的"当面一套，背后一套"确实大有人在。但即便如此，一方面，我们依旧希望能够与有品德的人共事，"与有肝胆人共事，于无字句处读书"也是这个道理；另一方面，我们希望美好的品德能够相互感染，像花信风一般吹拂在律师事务所。

此外，我们理解的德，除了品德之外，还应当包含价值观。价值观这个词略显抽象，如果换成中国式表达，那么就是"道"。这时我们会发现，我们所说的"德"既指品德，也指大道。我们所倡导的价值观是正向的大道，它是一种认知，也是一种思维系统、是非判断系统。德和道是不同的，一个非常有品德的人，可能在价值观上偏狭。我们要尊重他人认同的价值观，但我们同样强调，有些大道需要成为共识。在一个律师事务所，遵循某些共同的大道，具备若干有关大道的共识，可以说是律师事务所的精神基础。

"才"是指专业以及将专业以高品质方式表达出来的能力。如同辩论赛一样的现场中，唇枪舌战、逻辑缜密、文辞优美的辩手是非常打动人的。胡适先生曾举过魔鬼辩护人这样的事例，中世纪经院哲学学院当中，年轻学者针对他们的哲学辩题展开辩论，有的学者就扮演为魔鬼充当辩护人的角色，他们当中有些人表现出色，辩论场面精彩绝伦。在当今社会，为犯罪嫌疑人辩护，为所谓的"坏人"辩护是辩护人义不容辞的职责，也是一个社会文明程度的表现之一。以刑辩律师为例，他不仅要掌握庞杂的刑法学知识、案例、法理，凝练各国理论而形成的新一代法理，懂得这个时代当中的天理、国法和人情，还要有把这些内容转化为在现场说服他人、语惊四座的能力。这就是专业能力，拥有此种能力的律师毫无疑问是有才的律师，他的能力在潜移默化地影响社会。

此外，我们所认为的才还表现在与世界和社会对话的能力上。

何为对话能力？第一，它是输入和输出的能力。输入和输出要求一个人懂社会、懂世界，敏锐地吸纳社会和世界带给我们的关键信息，这些关键信息包含着世界最新的发展进程以及在这些发展进程中所体现的理念。这些理念是人类过往理念的更新，这就是输入。而输出就是将自己思考的心得、观察的发现分享出去。在这个意义上，一个有才的优秀律师，不仅是一个小的发光体，还可以是一个大的发光体，在实现个人价值、履行职责的过程中为社会发光。第二，它是平和交流的能力。律师并非被设定了程序的人工智能，律师在工作过程中同样也会产生情绪。但是，律师的情绪是节制的情绪。和其他行业领域的人相比，律师在输入输出的过程中，崇尚的是精彩、平和甚至愉快地交流。律师即便写一首诗，也不应局限于简单的情绪抒发，而应当包含理性的思考，这不是律师的业余与分外，而是天然与分内。

我们刚刚所说的是理想状态，当一个律师事务所形成这样的气氛，它就成了一所优秀的"大学"，成了一个良好公民的塑造机构。优秀的律所和优秀的大学有共通之处，他们的主体都是人才，不同的是：大学教师与学生主要的任务是学习知识和真理，而律师是将商业、法律等领域融为一体，更具有实战性质。正因在此背景下，此种思想的塑造更加具有意义。

【共读】

盖闻王者莫高于周文，伯者莫高于齐桓，皆待贤人而成名。今天下贤者智能，岂特古之人乎？患在人主不交故也，士奚由进？今吾以天之灵，贤士大夫，定有天下，以为一家。欲其长久，世世奉宗庙亡绝也。贤人已与我共平之矣，而不与吾共安利之，可乎？贤士大夫有肯从我游者，吾能尊显之。布告天下，使明知朕意。

御史大夫昌下相国，相国酂侯下诸侯王，御史中执法下郡守，其有意称明德者，必身劝，为之驾，遣诣相国府，署行义年，有而弗言，觉免。年老癃病，勿遣。

[（汉）刘邦：《高帝求贤诏》]

在西方法律传统中，法律的施行被委托给一群特别的人们，他们或多或少在专职的职业基础上从事法律活动……法律职业者，无论是像在英国或美国那样具有特色的称作法律家，还是像在大多数其他欧洲国家那样称作法学家，都在一种具有高级学问的独立的机构中接受专门的培训，这种学问被认为是法律学问，这种机构具有自己的职业文献作品，具有自己的职业学校或其他的培训场所。

　　（[美] 伯尔曼：《法律与革命——西方法律传统的形成》，高鸿钧等译，中国大百科全书出版社1993年版）

毕加索，1951 年

第二条　【民主原则】民主是一种生活方式、思维方式、行为方式。民主不是民粹，不是以大众裹挟少数，不是以平庸俘获精英。民主是一种懂得集中智慧的智慧，可谓上智。

【述理】

民主在国家、政治层面和非国家、非政治层面的表现和内涵都是有所不同的。

在国家层面，民主表现为人民主权。人民是国家的主人，人民行使权力，这是对合法性的确认和塑造。在人类社会前期的很长一段时间里，征服者、国王以及围绕在国王周边的家族宣称自己是国家的主人。而在人类文明进行到一定阶段后，人们认识到生活在国家中的个体和整体才是国家的主人，政府是人民为管理国家而赋予其权利的存在，这就是"主权在民"，也即牧民和公民理念的区别。在人类早期历史阶段，人民被称为牧民，人民是被统治者，被国王和官吏管理。此时，民众被关爱或者被掠夺，很大程度上取决于国王的文明程度甚至性格问题。而在人民主权的制度之下，人民拥有国家权力，因为无法让全部人民同时在场，所以，人民需要选举代表，代表其行使权力，进而逐步形成了国家层面的民主制。

国家层面的民主制讨论谁是国家主人的问题，政治层面的民主制讨论民主机制如何构建和如何落地的问题。在政治层面，民主对应的是一种程序，在人民主权之下，通过规范的程序设计来行使权力。前面所说的民主的起源和基本原理，在国家层面呈现为：谁是更适合的人民代表？这样的具体问题交给政治的议事机制来解决，则转化为如下的一系列问题：哪些优秀的人能够成为代表进而组成一个议事机构？如何让根据民主制产生的各机关形成配合、制约关系？如何保障代表的权利？如何保障民主机制所作出的决策和法律的应有之义？国家层面的民主宣示色彩浓厚，政治层面的民主则实践色彩浓厚。

非国家、非政治领域的民主与刚才所说的民主不同。以律所为例，律所是合伙人制度，合伙人在一定意义上共同构成了律所的主人。但是，《律师法》第15条："设立合伙律师事务所，除应当符合本法第十四条规定的条件外，还应当有三名以上合伙人，设立人应当是具有三年以上执业经历的律师。合伙律师事务所可以采用普通合伙或者特殊的普通合伙形式设立。合伙律师事务所的合伙人按照合伙形式对该律师事务所的债务依法承担责任。"按照本法规定，合伙人并未被赋予极大的、法定的主人翁权力。这与国家意义上人民的权力迥然不同。而在政治层面，律所内部的民主制与各国的议会代表制的机制和性质都无基本可比性。只是在模拟、联系的意义上，律所可以参照某种代表制度。

本质上，律所只是社会当中的一个机构，律所的民主制需要在法律和政府的管理之下来实现。当然，律师们以法律为业，民主意识往往更加浓厚，民主技艺也需要身体力行，所以，律所内部比其他一般性的社会机构内部，民主色彩通常更浓厚。即使是一个极端重视时间与金钱的律师，其民主禀赋也是内在于心的。

律所内部的民主的生活方式、思维方式、行为方式是一种工作方法和智慧。非国家、非政治领域的民主的本质不是彰显合法性，也不是在国家的层面通过国家的方式议定大事，而是更多表现为一种尊重他人意志与意愿，激活每个人积极性与主动性的性质。有的商业机构民主氛围浓厚，有的机构并非如此，但它们都符合机构章程和国家法律。不同的取舍，也和实际情况有关。比如让爱因斯坦和一群根本不懂物理学的人讨论物理的原理，这时如果实行民主制，爱因斯坦就有可能被投票投下去，真理有可能被无知击败。但如果爱因斯坦的周围是一群虽咖位没有他大，学术水平却同样顶尖的物理学家，这时是否适用民主机制，就值得我们思考。显然，在这个时候，还有两种可能：一是爱因斯坦始终相信自己是正确的；二是爱因斯坦与优秀物理学家友好交流，在平和协商的基础上，形成较好的结论。前一种是专断，后一种是民主。

那么，一个律师事务所内部，其工作氛围、人员专业化程度，更近似于我们刚才所说的爱因斯坦与优秀物理学家讨论物理学原理的情况。

民主原则是尊重多数和尊重独特性的统一：一是尊重多数的意愿、合伙人权力以及个体的尊严；二是尊重个体和专业优长者的独特的研判与思考，以及其畅所欲言中所富含的智慧与理性。所以，当爱因斯坦和一群优秀物理学家讨论物理学原理时，我们建议采用民主原则。同样，在中闻律师事务所我们也采用民主原则。

律所的民主是社会层面民主的典型事例，这里的民主不是民粹，不是以大众裹挟少数，不是以平庸俘获精英。用非专业去宰治专业，让非专业的权威高于专业，在进行军事决策的时候，让毫无军事训练的三个军事臭皮匠甚至成千上万个军事臭皮匠否决军事专家诸葛亮，这就是民粹。放到任何时空里，这都可能是试错，甚至是灾难。杰出的少数人需要被人从尘埃里发现、呵护、培养，让他成为大任的担当者，更多的少数人的表达不一定富含着智慧，但他们同样有表达的诉求、意愿与权利。在一般性的大众话语当中，如果少数人的需求、观点都被盲目且粗暴地忽略了，淹没于人海之中，那么这就是大众裹挟少数。如同洪水来临时，道路上的车辆被席卷而去。所以好的民主绝非倒置的，甚至是反智的决策机制，绝非乌合之众的胜利，而应该是专业和优秀的胜利。

一个律所中好的民主状态是一种智慧，一种懂得集中优秀的人智慧的智慧，让适合的人去讨论、决定他们各自的事情。每个适合的人都是有意愿表达并且能够妥帖表达的。这就是良好的民主状态。民主是一种懂得集中大家智慧的智慧，是一种上智。人如果只相信自己，而不相信周围优秀的大家，这就是一种独断专行，而不是上智。这样的民主，是民主方式、民主智慧、民主精神、民主习惯，于是个体成为民主受益者。

【共读】

政之所兴，在顺民心。政之所废，在逆民心。民恶忧劳，我佚乐之。民恶贫贱，我富贵之，民恶危坠，我存安之。民恶灭绝，我生育之。能佚乐之，则民为之忧劳。能富贵之，则民为之贫贱。能存安之，则民为之危坠。能生育之，则民为之灭绝。故刑罚不足以畏其意，杀戮不足以服其心。故刑罚繁而意不恐，则令不行矣。杀戮众而心不服，则上位危矣。故从其四欲，则远者自亲；行其四恶，则近者叛之，故知"予之为取者，政之宝也"。

（《管子·牧民》）

我们的政治制度不是从我们邻人的制度中模仿得来的。我们的制度是别人的模范，而不是我们模仿任何其他人。我们的制度之所以被称为民主政治，是因为政权在全体公民手中，而不是在少数人手中。解决私人争执的时候，每个人在法律上都是平等的：

让一个人担任公职优先于他人的时候，所考虑的不是某一个特殊阶级的成员，而是他具有真正的才能。任何人，只要他能够对国家有所贡献，就绝对不会因为贫穷而在政治上湮没无闻。正因为我们的政治生活是自由而公开的，我们彼此间的日常生活也是这样。当我们隔壁邻人为所欲大的时候我们不致于因此而生气；我们也不会因此而给他以难看的颜色以伤他的情感，尽管这种颜色对他没有实际的损害。在我们私人生活中。我们是自由而宽容的；但是在公家的事务中，我们遵守法律。

〔〔古希腊〕《伯里克利在阵亡将士葬礼上的演讲》，载〔古希腊〕修昔底德：《伯罗奔尼撒战争史（第 2 卷）》，谢德风译，商务印书馆 2009 年版〕

原始社会时期的部落中就极容易产生民主制。那时的人类生活在较小的群体中，依靠采集和打猎生活，所有部族成员共同参与决定性事务的讨论。然而，当人类开始从事农业和商业并以社区的形式长期定居下来后，有利于民主的条件，例如群体认同感、无外界干预、平等的假定等趋于消失，民主制被等级制度和专制制度取代。直到公元前500年，有利于民主的条件再度出现，民主制也随之在部分地区复苏。

古希腊和罗马的民主实践持续了几个世纪。其中以雅典为代表的希腊城邦实行直接民主制。这虽然在当时是一种创新，对后世也影响深远，但已经被现代代议制民主完全否定；古罗马同样奉行直接民主制。起初，公民权向平民和被征服者的扩大具有进步意义，但罗马没能让民主制与不断扩大的疆域相适应，最终导致了公民精神的腐败和共和国的消亡。公元1100前后，意大利半岛上再次兴起了部分民主制城邦国家，但历经两个世纪的繁荣发展后，城邦败给了更高级的政治单位——国家，民主制也纷纷让位给其宿敌。

……

总的来说，古代的民主理念与实践为民主制的继续发展创造了条件，例如政府需要征得被统治者同意的理念——它最初只适用于征税，后来才上升为一般意义上的法律主张。更重要的是，这些经验表明，让政府顺从人民的意志并不是幻想，而是真切存在过几个世纪的事实。

但是古代的民主仍有很多待发展之处：（1）显而易见的不平等阻碍民主的发展。例如主人与奴隶、富人与穷人、君主/贵族与臣民的不平等。（2）集会或议会权力有限，无法较好地起到制衡的作用。（3）"人民"的范围狭小，存在性别和财产的限制。（4）民主的理念未得到广泛认同和理解。

（[美]罗伯特·达尔：《论民主》，李凤华编译，中国人民大学出版社2012年版）

花森安治

第三条 【制度原则】制度是统一的、成文的规范化规定。制度约束人的行为，并同时约束上下。制度应当是合理的，刚柔并济的。制度需要尊重人性，并给自由留下空间。

【述理】

根据《说文解字》，"制"的意思是裁切、裁衣，"度"的意思是法制。如果我们用《说文解字》的方式来追寻"制度"的含义，那么可以解释为标准。

"制"强调裁切，也即要求人按照规定作出正确的行为。"度"提供一种标准，也即为人的行为提供一种标准。当制度成为一个概念，它就意味着制度不是为一个人而制定和设立的，而是为一个机构、一个组织、一个地区甚至一个国家的人制定和设立的。

故而，制度具有如下几个特点：第一，制度是统一的。对不同范围之内的人，制度统一适用。第二，一般来说，制度是成文的。如果是不成文的，至少也应该形成了较为明确的共识与惯例。第三，制度是规范化的。制度可大可小，大的制度可以是体系化的，小的制度虽然不一定呈现体系化，但应该是规范化的。

如果一个制度漏洞百出、逻辑混乱，那么我们可以说这并非一个规范化的制度。因为，一个规范化的制度应该是一个成熟的或者正在迈向成熟的制度。当然，在人类漫长的群居生活当中，制度的产生是群居生活的飞跃，这说明群体生活中的人的行为不再是杂乱的、无组织的。当一个群居生活的早期人类群体出现了分工协作，我们可以说在这个群体当中已经出现了制度。发展到今天，尤其在组织与机构当中，制度无处不在。在好的制度下运行的组织与机构，它的运行规范有序且活力满满。在私人领域，比如家庭或者一对恋人所组成的生活小组当中，制度可能是模模糊糊的、隐隐约约的；但是模模糊糊、隐隐约约的制度依然优于极其随意、凌乱无章的行为模式。

所以，从制度诞生开始，它就意味着要规范人的行为，这种规范本质上是一种约束。但不容忽视的一点是：制度应该是适用于机构的全体人员，从负责人到普通员工，自上而下地受到制度的规范和约束。在有的机构中，制度是对下不对上的，也即存在制度的特区，约束的是普通工作人员，而不指向领导；在有的机构中，制度只针对某类人而制定，而且不基于合理的条件设定；在有的机构中，制度执行的随意性较高，甚至可以说制度的执行随心情、随情绪、随好恶而定，这些都违背了制度的初衷。在这样的制度之下，个体会手足无措、心情压抑，即便是可以随意施行权利，越出制度界限的负责人，也不会因为权利的任意使用而带来巨大的愉悦感，因为摆在他面前的是一个略显混乱的局面。所以，大家共同遵守良好的制度，是摆在一个机构所有人面前的较优甚至最优的选择。

我们常常可以听到一个词叫作制度化，制度化指的是从无到有，从制定得较为初级、粗糙到制定得较为成熟、完善的过程。制度化是人的规范意识觉醒、过度随意性受到约束的体现。

那么，制度是如何产生的呢？有如下几种模式：一是基于一件事情自身的合理性而产生的制度。比如上班时间，一个机构需要一个集合工作的时间，而这个时间既不能太早，也不能太晚。此时，机构管理者就会规定一个合理的上班时间，既要保证工作能够完成，又不至于过度占有人的休息时间。只要是理性工作状态下的人，都会制定关于工作时间的制度。过度地盘剥，随意地指使一个组织当中的个体进行全天候的超限额劳动，当然不会取得好的效果，只能得到暂时的、短期的、难以长久的利益。二是对于懒惰和随意的人，由管理者形成约束而产生的制度。在这个意义上，制度的制定既可以说是无奈的，又可以说是有效的。懒惰有着多重性质：有的懒惰并无恶意，只是简单地趋乐避苦；有的懒惰是因为缺乏有效的约束而变得松垮散漫。但值得注意的是，懒惰与自由截然不同，自由是一种积极的状态，是一种创造的状态，尤其是表现在工作当中的时候，而懒惰则完全是消极的。所以，面对这样一种状态，某些制度的制定乃是不得已而为之。但是这里讲的懒惰当然也是有标准的，我们不能任意把一个创造者所体现出来的自由视同为懒惰，所以制度也要做有效的区分。三是经过协商而对大家的行为进行规范化约束的制度。这是一种更加愉悦地制定制度的状态，从而让所有人的行为更加具有秩序感，成为一种合理秩序之下的自由。

有这样一种说法，说有制度胜于无制度。这样的说法当然有它的道理，但是，还需要做仔细的研判。当我们谈论制度化时，存在一个基本前提，即这一制度是良好的制度。但，在人类历史上，肯定存在并不那么好的制度，有的机构当中甚至还存在一定数量的坏制度。

在坏制度和无制度之间，该如何比较呢？我想，无制度优于坏制度。毕竟，制度的优劣、好坏是至关重要的。

那么，什么是一个好的制度呢？大概可以以"合理"二字概括。合理是指顾及了各方需求，尊重了现实条件，既有效约束人的行为，又尊重个体的主体性，尊重个体的自由和尊严。合理指向两个板块：一是事，就是做事；二是人，就是对人的约束与尊重。从做事的角度上看，合理就是要调动人的积极性，令其在规范的状态之下把一件事做得更好。从对人的角度上看，合理就是在尊重他人的大前提下，约束他人的不适格行为。由此，我们可以说，合理其中的一条应有之义是刚柔并济。中国古代有一个表达，孔子对此表示认同，那就是"宽以济猛，猛以济宽"，其中的"宽"是指宽容、宽厚。在《论法的精神》的中译本中，译者将其翻译为宽和。"猛"是指积极作为，以刚猛的要求约束人、命令人。如果在这个意义上理解宽猛相济，其实与我们理解的刚柔并济是吻合的。刚指向做事，柔指向对人。进一步而言，如果不是一个近似军事化的单位，这里的"刚"仍然应当以有效地调动人的积极性为主，对他的个别行为予以约束。当然，"柔"也不能过度。

在制度化成为今天的主流表达方式之后，人性化这个词也成为主流表达方式。人性化是指以人为本，也可以称为人本化。同时，人性化当然不是指人性本恶这一语境下的人性化，人性化指的是人之为人的基本个体。人有基本的需求，比如说渴了要喝水、下班要休息、一日要三餐，这是现代社会对人给予的态度，也是所谓人性化中最基本的要求。制度的制定者在制定制度之初就不能不重视这些问题。

此外，还有一个重要的问题，就是制度与个体自由的关系问题。应该说，在本质上这是自由与秩序的关系问题。人有两大义务：一是尊重社会基本秩序的义务，二是尊重他人自由的义务。在这两条之外，一个人是一个拥有自由空间、拥有自主权利的自由个体。因而，制度的制定者应当考虑个体的自由，个体的自由在一定意义上是个体生活在属于他自己的家园当中所拥有的权利，而与此同时，这个家园又给他提供了创造的动力。

自由的家园是栖息的家园、飞翔的家园、创造的家园。所以，好的制度应当尊重人的自由，而不是剥夺、限制人的自由。同时，一个自由的主体，不应当是一个慵懒散漫、碌碌无为的主体，而应当是一个自立自强的主体。这样，制度和个体自由就构成了一种融洽的关系。这样的制度就更加是一个好制度。

制度还有一个功能，就是要作出评价，评价的基本表现是奖惩。奖惩与个体的关系是让个体感到服气、舒畅的关系，奖惩的出发点既应当是严格的，也应当是善意的。在此良好的奖惩之下，共同体的凝聚力也当得到增强。

【共读】

古者立天子而贵之者，非以利一人也。曰：天下无一贵，则理无由通，通理以为天下也。故立天子以为天下，非立天下以为天子也；立国君以为国，非立国以为君也；立官长以为官，非立官以为长也。法虽不善，犹愈于无法，所以一人心也。

夫投钩以分财，投策以分马，非钩、策为均也。使得美者，不知所以德；使得恶者，不知所以怨。此所以塞愿望也。故蓍龟，所以立公识也；权衡，所以立公正也；书契，所以立公信也；度量，所以立公审也；法制礼籍，所以立公义也。凡立公，所以弃私也。明君动事分功必由慧，定赏分财必由法，行德制中必由礼。故欲不得干时，爱不得犯法；贵不得逾亲，禄不得逾位；士不得兼官，工不得兼事。以能受事，以事受利。若是者，上无美赏，下无美财。

（《慎子·威德》）

自从亚当·斯密时期的政治经济学以来，其研究主体就是制度。从政治经济学一产生，它的主要研究对象就是制度和经济现象之间的关系。后来在经济学不断地走向社会科学的过程中，越来越多地引入了科学的手段。在这个过程中，人们发现，讨论制度相当困难。当把制度抽象掉之后，许多经济现象分析起来更容易。因此到了19世纪末之后，在经济学逐渐走向经济科学的转型过程中，为了避开分析制度带来的困难，经济学者们就用假设的方式把制度固定住，对制度不予讨论。这样的经济学的研究对象是市场经济。在市场经济中的制度都是一样的假设条件下，去寻找"没有制度"的经济中的规律性现象。

科学地讨论制度的主要困难在于定量化。任何科学都始于定量的观察，由此得到系统的严密的结论，并由此使理论可以得到定量的验证。当经济学变成科学的时候，非常重要的第一步，就是要能够定量地度量其研究对象。比起离开制度的"纯"经济和金融现象，度量制度更难度。因此，从 20 世纪初以来产生的新古典经济学，其最重要的基本特点之一就是把制度固定住（或称为没有制度），只探讨相对比较成熟的市场经济现象。

在那个时期，经济学界还存在一个和新古典经济学有所区别的制度学派，或奥地利学派。严格地说，所谓的制度学派或者奥地利学派继承了政治经济学的老传统，因此并不是新的学派。

今天讨论的所谓新制度经济学，区别于奥地利学派，区别于老的制度学派。新制度经济学的奠基人是科斯和诺思。其核心内容是科斯的交易成本理论、科斯定理，以及诺思的路径依赖理论等。用这些新的概念、新的分析工具讨论制度。但是，从把制度作为研究对象来讲，无论是新制度经济学、奥地利学派，还是 20 世纪以前的政治经济学传统，都是一脉相承的。

（许成钢：《新制度经济学的过去和未来》，载《比较》第 92 辑）

（清）王韬：《漫游随录图记》

第四条　【稳进原则】 我们崇尚稳进，即稳健型的进步。既不故步自封，也不激进和急进。稳健型的进步具有温和的气质。

【述理】

从人类社会的发展到一个组织的发展再到个人的发展，主要分为三种类型：一是进步，二是停滞，三是倒退。当然，在一个社会阶段当中，在一个组织当中，在人一生的跨度当中，这些类型很可能是交替出现的。

在人类社会，近代以来，进步成了一个关键词和主题词。在以工业技术和近代以来的社会理念作为引擎的牵引之下，人类社会总体呈现进步的氛围。但实际上，在近代以前，停滞、静态也曾经是人类社会的一种表现。梅因曾经提出过改革型社会和停滞型社会的概念，有的学者曾经把清朝前期称为"停滞的帝国"，这些都是人类社会曾处于停滞、静态的状态下的佐证材料。

在一个静态的、停滞的社会当中，个体不一定正比例地表现为静态和停滞。所以，我们可以看到不同朝代当中贵族的此消彼长，可以看到徽商和晋商的兴起与衰落，可以看到读书人对于修、齐、治、平的追求。但是，总体来说，进步在一种静态和停滞的社会状态当中，可以成为一部分的主流，却难以成为全社会的主流。而进入近代社会以后，进步就逐步成为全社会意义上的主流。并且在内涵上变得丰富起来，有的是主动的，有的是被动的，有的是追赶的。

19世纪后期，社会达尔文主义就是一种非常明显的进步型思维方式。胡适先生名字中的"适"字就取意于严复翻译《天演论》中"物竞天择，适者生存"的"适"。胡适接受教育的时候，严复等人推崇的社会达尔文主义就在他们这一群青少年当中风靡。应该说，在清末，即胡适少年时期的那段时间里，激进和保守确实是两个针锋相对的对于未来中国的想象的关键词。

所谓的"保守"并非政治思想意义上"保守主义"上的那个保守，而是固守着旧的政治、经济和思想体系。所谓的"激进"是指快速地改变现有的一切，用疾风暴雨的方式实现自己的目标。那么，我们就可以看到，在这两大方向当中，缺乏一种中间状态的表现，这就是稳健型的进步。

所以，回顾清末历史，我们可以看到，中国在整体面向近代世界的形态当中，尽管崇尚进步并且保守和激进也发生冲撞，但是缺少了稳健型进步的积累和思维训练。

稳健型进步的第一个含义是处于中间状态的进步。既不保守、故步自封，也不激进、急切谋求快速的进步。"中庸之道"这个词大概是中国受到误解最多的词汇之一，中庸之道的本义是不走极端，也就是既不保守，也不激烈，同时崇尚一种常识和通常意义上的智慧。而不是近似庸俗化的理解，将坚持中庸之道的人理解为所谓的"老好人"，所谓的没有原则的人。

　　稳健型进步的第二个含义是具有妥协的智慧的进步。所谓"妥协的智慧"并不是背离自己的本心和放弃自己的原则，而是承认自己的有限性和对于现实的照顾，在一定意义上是与自己所不能改变的外部条件和解，也就是改变不能接受的，接受不能改变的，在妥协的状态中积极推动进步。懂得妥协，就懂得这个世界既很难让人完整地做到从心所愿，又需要你投入智慧和努力去积极改变。

　　稳健型进步的第三个含义是带有理解性质的进步，强调对你所反对的、反对你的力量的理解。站在对方的角度去想问题，并不意味着你随对方而改变，而是意味着你懂得对方的出发点、对方的担忧以及对方所设定的目标。当你做了同情的理解之后，一方面你可能会修正自己的若干想法，另一方面你将修正后的想法与对方的想法融合在一起，让若干想法具有可理解性和可接受性。

　　稳健型进步的第四个含义是温和的进步。所谓的"温和"有如下含义：一是保持自身心平气和，努力让自己不暴怒、不过于怨恨、不严厉地斥责他人、不与他人无端争吵；二是对人与人、对世界崇尚一种和平的秩序，也即反对暴力，其包含热暴力、冷暴力、语言暴力以及肢体暴力。尤其是不对与自己意见针锋相对的人持有相对极端的想法。

综上所述，稳健型进步是一种面对进步的理性的选择，也是一种理性的哲学、人与人的相处之道。对于一个经济单位来说，稳健型进步的理念也是一种恰当的选择，它既意味着积极有为，也意味着不冒险。

中国古代社会曾经长期处于农业驱动当中，农业生产的确能够保证相对稳定安好的生活，但又很难急速地富足起来。所以，从发展的角度上看，农业驱动的社会的发展是分配型发展，而不是自我进步型发展，即你可以去聚集一万个农业生产者而成为一个富豪，但很难依靠自身的力量去直接产生巨大的财富，所以很多贵族是靠赏赐封地而来。对于一般的规模较小的家族或者家庭来说，常规的心态是小富即安，无力谋求更大的进步。

小富即安的心态即使在近代以来的进步大潮面前，也不一定会发生巨大的转变，常常表现为故步自封。反过来说，铤而走险与小富即安针锋相对，但有时候铤而走险也是一种掠夺型、分配型的财富增长，只有在特殊时期运送极其稀缺的物资的营商模式，才能做到奇货可居，这就是中国古语所讲的"富贵险中求"，但是这确实是一种冒险。稳健型进步既不同意小富即安，也不赞成过度的冒险。

其实，律师这一行业在社会当中，本身就是理性、温和的代言人。法治崇尚理性和温和。在这种情况之下，以稳健型进步作为律师事务所的原则也是呼应了律师作为一种职业和志业的本意。

【共读】

夫所贵于立者，以其规摹先定也。古之君子，先定其规摹，而后从事，故其应也有候，而其成也有形。众人以为是汗漫不可知，而君子以为理之必然，如炊之无不熟，种之无不生也。是故其用力省而成功速。

……

今治天下则不然。百官有司，不知上之所欲为也，而人各有心。好大者欲王，好权者欲霸，而偷者欲休息。文吏之所至，则治刑狱，而聚敛之臣，则以货财为急。民不知其所适从也。及其发一政，则曰姑试行之而已，其济与否，固未可知也。前之政未见其利害，而后之政复发矣。凡今之所谓新政者，听其始之议论，岂不甚美而可乐哉。然而布出于天下，而卒不知其所终。何则？其规摹不先定也。用舍系于好恶，而废兴决于众寡。故万全之利，以小不便而废者有之矣；百世之患，以小利而不顾者有之矣。所用之人无常责，而所发之政无成效。此犹适千里不裹粮而假丐于涂人；治病不知其所当用之药，而百药皆试，以侥幸于一物之中。欲三患之去，不可得也。

[（宋）苏轼：《思治论》]

"自由"的意识是近代法的根本因素。……每个人都有对自己的利益进行支配的世界，在这个范围内他是不受他人侵犯的"主体人"，在这个范围内他将自己作为"自由"的主体人来意识。……正因为如此，在以主体人意义上的人为成员构成的近代社会中，人与人之间的关系在法律世界中是作为"权利义务"关系存在的。在那里人们将他人作为固有利益的支配者而给予尊重，同时，自己也拥有主体者的意识。在这个意义上，人将社会关系作为平等的对等者之间的关系来意识，权利主张决不会被作为"僭越"的、任性的行为而受到非议；而且，尊重他人的权利是理所当然的义务。

（［日］川岛武宜：《现代化与法》，申政武、渠涛、李旺、王志安译，中国政法大学出版社2004年版）

《学游泳》，1978 年

第五条　【实体原则】 实体问题就是权利和义务、权力和责任、权利和权力的问题。权利与义务应当相称，权力与责任应该相称，权利与权力应当均衡。实体正义就是当三组问题发生冲突时，能获得公正处理。

【述理】

律师作为法律人，每天都面对法律和法学上的基本问题，即实体和程序问题。在律所内部管理过程中，自然也普遍存在着实体和程序问题。实际上，实体和程序问题在人类社会中是无处不在的，因为人与人发生的一切联系都可以凝练出权利和义务，都要和管理和被管理的大环境发生联系，所以相应地产生权力和责任、权利和权力的问题。

由于律师对于实体和程序问题十分熟悉且敏锐，律师事务所的实体和程序问题也就显得更为突出。

实体问题主要表现为三组：

第一组是权利和义务。与一个公民个体相比，一个机构当中的工作人员所指向和涉及的权利有所不同。我国法律当中规定的大量权利和义务，与律师事务所作为一个社会机构的关系不大，甚至无关。比如一个律师的房产问题、继承问题，都属于他的个人事务。而律所当中的权利和义务的问题是指律师与律所的同仁之间、律师和律所之间发生的权利和义务的关系，总体是工作范围之内的事务。当然，律师与所在的部门、社会公共部门之间也会发生权利与义务的关系。这些权利，我们可以称之为工作身份权，也可以称之为劳动贡献权。在工作当中，不同的身份，权利与义务不尽相同，这些不同的身份也意味着不同岗位。作为岗位来说，律师所担负的义务是一种义务也是一种职责。而从劳动贡献对应的权利上看，律师事务所是一个商业机构，每位律师都付出劳动、做出贡献，由此也拥有了对于律师事务所利益分享的权利和参与管理的权利。

　　　　　　中闻原则——法律人的职业信念论纲

第二组是权力和责任。律师和律师事务所之间存在管理和被管理的关系，作为一名律师，他的义务常常表现为服从律所管理，此处的"服从律所管理"可以理解为服从各个科层的管理，这种管理应当是合理的、正确的遵循制度的管理。同时，这种管理也常常指向一个任务、一种分工。与此对应，作为管理方的律师事务所具有管理权意义上的权力，以及伴随而生的责任。律师事务所的机制是合伙人制度，所以，律所的管理和一般意义上的企业管理有所不同，合伙人律师既是管理意义上的被管理者，也是基于合伙人制度而形成的律所的"主权者"。行政的本质是合理的管理，管理权在任何组织当中都是双重的，因为管理者通常兼具管理者和被管理者的双重身份，既要行使好管理权，又要做好被管理者的工作。一个好的机构，管理的目标可以用一个字概括，即"善"。此处的"善"具有双重含义，一是善于，二是良好。前者是过程，后者是结果。

第三组是权力和权利。一个组织存在着管理关系，势必也就存在着权力和权利的关系。对于律师事务所这样人才云集的机构来说，权力不容易用特别刚性的形式行使。一方面，律师事务所内部的管理不可能像行政机关那样具有较大的强制权；另一方面，律师通常水准较高，以力服人难以使人心悦诚服，以礼服人才能令其真正接受。但是，反过来说，一个机构如果没有有效的管理、良好的利益分配，一定会变得涣散。此处存在社会契约论的意味，众人协议成立一个管理机构，让渡一些自己的权利，同时赋予管理机构管理权，都是为了把事情做好。如果被赋予了管理权的管理机构过度履行职责或者怠于履行职责，那么其就不是一个称职的管理机构。

正确处理三组关系基本的理念就是相称、相适应、均衡。如果再加一条，就是站在对方角度想问题。

权利和义务应该是相称的。对于一个优秀的律师来说，此处所说的权利与义务相称，更多地指向设计时的相称、执行时的相称、分配利益时的相称。

设计时的相称非常重要，重要在如何划定律师的权利范围和义务范围，其关键词是激励。一个好的律师事务所，有着良好的激励文化。一个优秀的律师应当在激励之下奋发有为，而不是强制。对于小学生，强制或许是有意义的，一个律师被强制多少有些悲哀。当然，一个好的律师事务所要努力做到的是强制备而不用，激励经常发生。这也是一个理想城邦里管理者与被管理者的良性互动。

权力和责任应当是相称的。人们都记得阿克顿勋爵对于权力滥用的告诫。有效地防范权力的滥用、赋予责任、考核责任以及问责都是其中应有之义。这些相应的赋权和确定职责都应当是制度化的，以一种明确的秩序来进行设计。

权利与权力应当是均衡的。二者在一个机构、一个组织、一个社会中，都是极度重要的关系。权力与权利之间的关系大体上分为三类：一是国家权力和个人权利的关系，表现为国家各个部门被法律所赋予的法定权利；二是公共空间中公共空间的管理者和运营者所享有的基于秩序而产生的权力以及相应的个人权利；三是组织内部基于管理这一组织而形成的管理权。从民法角度上看，一个民法学者所看到的权利主体都是平等的，看到的是社会当中平等主体间权力与权利的联系。这种视角相对更为古典，实际上进入近代以来，大量的民事主体都走向了公司化、组织化，表现为不同的单位。所以，尽管他们在劳动契约上是契约双方的主体，但实际上一个人往往是一个机构当中被管理的对象。故而，从总体上看，在交易关系中，平等居多；在谋生的关系中，权力和权利的关系反而更为凸显。

实体问题还有一个重要的衍生概念就是实体正义。关于实体正义我想起了《罗马法》中的一句话，"诚实生活，不犯他人，各得其所。"诚实生活是指在给定的个人空间里认真地生活；不犯他人是指尊重他人权利；各得其所是指获得应有回报，也即损害可以被赔偿，侵犯行为可以被制止，遭受损害的权利可以恢复，个人的主体地位可以得到尊重。三组问题——权利和义务、权力和责任、权力和权利常常会发生冲突；冲突是常态，但是在冲突的时候各得其所，被公正地对待，这就是实体正义。

【共读】

法家不别亲疏，不殊贵贱，一断于法，则亲亲尊尊之恩绝矣。可以行一时之计，而不可长用也，故曰"严而少恩"。若尊主卑臣，明分职不得相逾越，虽百家弗能改也。

[（汉）司马迁：《太史公自序》]

可是，道德法则却与自然法则不同。道德法则作为有效的法则，仅仅在于它们能够合乎理性地建立在先验的原则之上并被理解为必然的。事实上，对于我们自己和我们行动的概念和判断，如果它们的内容仅仅是那些我们可以从经验中学到的东西，那就没有道德的含义了；如果说，有人错误地想通过经验所得出的任何东西来制定道德原则的话，它就已经陷入最糟糕，最致命的错误的危险之中了。

（[德]康德：《法的形而上学原理——权利的科学》，沈叔平译，林荣远校，商务印书馆1991年版）

苏联北极熊巧克力包装纸，20 世纪 50 年代

第六条 【程序原则】 程序是经过合理设计的办事规程，令办事有章法而不混乱。目标在远方，程序是道路。在人们的共识中，程序升华为具有公正属性的程序正义。

【述理】

程序就是流程。在流程的意义上，程序具有一种天然属性，一个人从山脚出发，要去一座城市，要经过那片竹林，蹚过那条小溪，穿过那条小巷，这就是一种自然形成的程序。所以，万事皆有程序。但这种自然存在的程序，却不必然成为一种人刻意而为的程序性行为，不必然成为深刻于大脑的程序意识。例如，几十年前，购买一种稀缺物品，常常出现哄抢。十几年前，买票也常常出现插队的乱象。

当程序没有成为一种共识时，有的人以钻了程序的空子为荣、为乐，坚守程序的人却很有可能落得吃亏的下场，甚至因未能获取稀缺资源，最后两手空空、徒劳无功。

在公共生活较少、公共物品流动性较差的年代，人常常是以家庭成员或独立个体的身份行动，而较少参与公共生活。这种情况下，人与人之间不常发生联系，行为的随意性较强。此时，生产生活当中会经常涌现一些初级程序问题，这些程序都是自然形成的，不存在设计的成分，因此人们也并没有形成遵循程序的意识。

"日出而作，日入而息。凿井而饮，耕田而食。帝力于我何有哉？"先秦流传的《击壤歌》中的发展形态所需要的社会协作是偏少的，它所需要争夺的社会资源也是偏少的，所以在这种情况下，程序意识不容易产生。

然而，改革开放的迅猛发展使得这种田园诗式的景观迅速转变，在农村地区乡镇企业兴起，在沿海地区加工业迅速形成集群，广泛的中国劳动力进入到组织化、规模化、流程化作业的时期。但是，在这一时期，程序意识还没有转变为程序设计者和程序遵守者的普遍共识。同时，程序的需求所指向的程序未必是一个合理的程序，其可能是一个要求他人服从、遵循，却不深究其合理与否的程序。所以，程序作为制度当中的一项核心内容，如果不植入合理内核和协商成分，而只表现为强制甚至压制，很多时候会给个体以束缚感，尽管这种束缚可能会提高一定的生产效率。

法律类机构与前述的社会当中一般存在的程序状况有所不同，但也有所关联。不同之处在于：法律类机构，无论是公安机关、检察院、法院，还是律师事务所、企业法律部门，这些部门中的人普遍接受程序教育作为自己的立业之基础，他们普遍阅读程序文本，工作大量与程序产生联系。此处的工作分为外部工作和内部工作两种，外部工作要求法律机构依照程序法执业，内部工作是在每个法律机构内部要如何遵守相应的程序规则。这些法律类机构与社会一般程序状况的关联有如下两部分：

第一，法律人尽管学习程序法且被程序意识所塑造，但是他还是生活在社会环境当中，生活在一种普遍的社会意识当中，不可避免地受到消极的程序意识，甚至反程序意识的影响。此时，他的行为具有一种双重性，甚至自我对抗性、分裂性。一方面，他固守程序法所指向的程序行为、程序要求；另一方面，他内心对此类程序规则、程序观念并无多少敬畏，进而后者就会消解前者。

第二，在工作的过程当中，法律人还是要与社会当中的人群发生最大切面的关联。法律本身就是为了化解矛盾和纠纷而存在，面对的是社会当中大量的难题。一个人在矛盾交织和焦虑不安的情况下，会出现一种情绪的波动，此时即使其原先拥有对于程序的认同，但也可能在这样的情况下，被负面情绪覆盖。这样的一个人是抽象的，但同时也是具体的，可以是官员、商人、各行各业的劳动者。

当外部工作与内部工作不同时，人们往往会呈现内外的差异甚至反差，有的在内部相当遵守规则和程序，而在外部则相当放松，也有相反的情况。律师事务所面对的外部大多是关于程序的条条框框，但内部则有可能不那么严格，而是较为随意地设定和执行程序。在外部的紧绷当中，内部可能会放松自己。但在实际上，律师事务所内部应该成为一个讲程序的模范之地，这里的程序不仅是精细合理的，还可以是精致的，以一种舒心愉快的方式来呈现。

如果我们回溯中国古代，就会想到古代的礼制大量地表现为程序，"礼"以程序为主，实体次之。实体凸显等级化，而这种等级化常常表现为程序的落实方式。天子出行与诸侯出行的马匹数量并不相同，二者在实体上都强调出行威仪，而在程序上却做了等级区别。所以，中国古代基层社会的日常生产生活有程序缺失的一面，但是官员政治生活当中存在各式各样礼制性的程序规定。在《周礼》中，我们会看到大量繁复的程序规定，但不得不说它们是精细的，表现出了一种精致的生活状态。

好的程序设计应当具有四个特点，即仪式感、形式感、秩序感、正义感。加入了现代型的精致美感思维之后，又可以进而变为仪式美感、形式美感、秩序美感、正义美感。程序不仅表现为当混乱转化为有序，还表现为相应的美感。在这一方面，我们刚刚跨入一个新阶段的开端时刻。在这样一种四大美感兼具的程序意识之下，程序正义就具有了抽象和具体相联系的表现。

此外，与古代的礼制和当今的程序意识相联系的还有一种兼具公共和私人属性的个人表现，即个人的礼仪。中国之所以被称为礼仪之邦，是因为中国古代的礼制相当发达，塑造了持续数千年的文化特色。但是，在今天确实有一种文明和礼仪相对缺失的状况。礼仪需要教育、训练、实践，在三者兼具的公共生活当中，人可以逐步形成彬彬有礼的气质，这也是中国走向新礼仪之邦的一种先驱式探索。从他者来说，对方彬彬有礼可以使得自己心情愉悦；从自身来说，不够彬彬有礼则会感到不好意思。如果得体的礼仪成为共识，那么整个环境都是令人心情愉快的。这不浪费时间，也不耽误工作，不仅没有失去尊严，反而令所有人都获得了尊严。所以，在以程序为重要特色的法律类机构当中，礼仪的探索是一个值得为之实验和实践的美好方向。

【共读】

圣人知必然之理、必为之时势，故为必治之政，战必勇之民，行必听之令。是以兵出而无敌，令行而天下服从。黄鹄之飞，一举千里，有必飞之备也；丽丽、巨巨，日走千里，有必走之势也；虎、豹、熊、罴，鸷而无敌，有必胜之理也。圣人见本然之政，知必然之理，故其制民也，如以高下制水，如以燥湿制火。故曰：仁者能仁于人，而不能使人仁；义者能爱于人，而不能使人爱。是以知仁义之不足以治天下也。圣人有必信之性，又有使天下不得不信之法。所谓义者，为人臣忠，为人子孝，少长有礼，男女有别；非其义也，饿不苟食，死不苟生。此乃有法之常也。圣王者不贵义而贵法，法必明，令必行，则已矣。

（《商君书·画策》）

当一条规则或一套规则的实效因道德上的抵制

而受到威胁时，它的有效性就可能变成一个毫无意义的外壳。只有用服从正义的基本要求来补充法律安排的形式程序，才能使这个法律制度免于全部或部分崩溃。

（［美］E. 博登海默：《法理学：法律哲学与法律方法》，邓正来译，中国政法大学出版社 2017 年版）

亨利·波尔蒂耶和爱德华·沙尔东：《法国史》

第七条 **【执行原则】** 执行即落地，落地要接地气，也应有实效。执行是"四有"方针的最重要一环。"四有"即有态度、有方法、有过程、有结果，执行指向有结果。

【述理】

打个不太恰当的比方，实体好比交通费，程序好比买票、上车，执行好比到达此行的目的地；实体好比学习成绩好，程序好比参加了高考，执行好比进了大学报到。如果一个人攒了钱、买了票、上了车，最后却没有到达终点；如果一个人学习好、参加了高考，最后却没有进入大学——功利地说，这个考生和这个旅客就算是白干了。

对于当事人来说，最想得到的是执行。当然，也存在一些特别急迫的人，脑子里只有执行，只想追求结果，这属于冲动的、不切实际的揠苗助长派，实际上也是激进思维方式的表现之一。在这种只看结果不看过程的思维模式、情绪模式之下，他想一天就建成罗马，一出生就长大，谈一天恋爱就结婚，做一天生意就变成亿万富豪。显然，这种过于急迫的心态是需要我们引以为戒的。

与这些市民社会的当事人相比，一些学者又对实体和程序偏爱有加，琢磨甚多。应该说，如果实体和程序的问题表现为学术问题，其中的理论和学说不计其数。然而，当执行作为一个学术问题，它可讨论的范围不多，不容易引起学术范儿的学者的注意。所以，有的学者表现为重实体轻程序，有的学者表现为重程序轻实体，有的学者表现为实体与程序并重，却缺少执行。这些学术范儿的学者和某些实务部门的人事，其注意力到裁判文书判决时就画上句号，到达边界。而当事人仅仅获得一纸文书，颇有望梅而不止渴之感。当实体和程序都走完，但没有执行时，当事人则没有到达他想到达的彼岸，而仍然站在此岸，眺望彼岸。

在人们熟悉的小马过河的故事中，一匹小马要蹚过一条小河，遇到一只松鼠，松鼠说："河水太深了，你过不去。"随后，小马碰到一只大象，大象说："河水太浅了，不足为虑。"小马听了松鼠的话，焦虑不安，认为自己过不了河，听了大象的话，又麻痹大意，认为不需要做什么准备。等它亲自蹚到河水之后才发现，原来河水既不像松鼠说得那么深，也不像大象说得那么浅，自己既不需要那么恐惧困难，也不能够轻敌。所以面对执行的问题，一个理性的法律人既不能像若干当事人那样急切地追求结果，完全以自我为中心，轻视实体和程序，迅速地想做到执行、得到结果，也不应该像无涉自己利益的投身于书斋的学术型法律人，重视理论问题、重视学术生产问题，对那些看起来简单、做起来艰难的执行问题不甚关心。总结起来一句话，实体、程序、执行应该是三者并重。

体育精神里有一句话叫作重在参与，这告诉我们：一方面要谋求冠军和金牌，另一方面参与也是一种胜利。有人曾经说过，体育竞赛是战争的模拟化和消弭化，代表不同国家的不同奥运队伍，按照体育的游戏规则进行一场公平竞赛。鲁迅先生曾论述过费厄泼赖应当缓行的观点，这里的费厄泼赖就是 Fairplay，强调了公平参赛与参与的过程都是非常重要的。

但如果是一场战争，战争结果指向一个国家的利益、尊严，国民的财产、生命，甚至领土，兹事体大，所以战争的结果是非常重要的。体育比赛重在过程，战争追求结果。一个法律诉讼的案件，指向的也是当事各方的利益分配。民事诉讼决定财产权的归属问题，刑事诉讼指向罪与罚的公正问题。民事诉讼当事人得到一张空头支票，或刑事诉讼当事人最终逍遥法外，正义终究没有得到伸张。这不是正义迟到的问题，而是缺席的问题。

在一个律师事务所内部，执行虽然不像战争和诉讼那样的与利益、安全、尊严密切相关，但仍然指向经过实体和程序所确认、所安顿的利益的问题。所以执行就是落地，这样的落地既要接地气，又要有实效。所谓的"接地气"是指务实，所谓的"有实效"是指一个饿了的人真的得到了一个白馒头，此时他感受到的是微正义、微价值的实现，也可以说具有孩子歌颂麦子的愉悦。

我的朋友提出一个朴素的"四有"方针，四有是指有态度、有方法、有过程、有结果。所有人做所有的事情都可以参照"四有"，尤其是所谓的"职场中人"。"有结果"排在"四有"的最后，但却是最重要的，执行指向的就是有结果。

有态度是指热忱、热爱。而态度端正是指热忱、热爱的浓度以及对一项事业的不那么急功近利的态度。梅兰芳先生曾经提出，唱戏需要"生"的感觉，此处的"生"是指每次上台都像第一次上台，充满了新奇的、生疏的但同时也是饱满的热爱，这是很有意思的一个观点。此外，还有一个观点是将每一部作品都当作最后一部作品对待，因为你不知道下一秒要发生什么，所以你就会努力把你手中的作品竭力做到最好。这种最后一步的心态是一种传世心态，梅兰芳先生"生"的心态是第一步的心态，讲求好奇式的热爱，二者异曲同工。故而，有态度是第一步和最后一步的结合，理想的有态度是新奇和传世皆而有之的态度，是一种对"油腻"敬而远之、敬谢不敏的态度。

有方法是指做事得法。想要做事得法并不容易，一是需要高人指点，二是需要自己用心体悟，三是需要从实践中获取经验、汲取教训。所谓的"高人指点"强调了引领者的重要性。这个引领者可以是生活中有幸运到的人，可以是远方智者，可以是千年前的作家。选择听从智者的召唤，就是与优秀为伍，用心地掌握方法、得当地运用方法就能把事情做好，进而寻到事半功倍的升华。某些职业要求人做事审慎，容错率偏低，此种情况下，人掌握方法的速度更快，同时也更扎实。医生就是这样的职业，因为他面临的是患者的健康和生命，一刻都不能大意，优秀的医生更是如此。唐代孙思邈在《大医精诚》中说："世有愚者，读方三年，便谓天下无病可治；及治病三年，乃知天下无方可用。故学者必须博极医源，精勤不倦，不得道听途说，而言医道已了，深自误哉。"所以，方法是需要我们迅速掌握，同时也需要永恒琢磨和提炼的，我们应当以医生的职业要求来要求自己，这样掌握方法快，做事也能够在避免大小损失的情况下吟啸徐行。在医生眼里的小损失，在病人看来都是大损失；律师眼里的小损失，在当事人看来都是大损失。

有过程参见我们之前讨论的程序原则。总之，过程是必不可少的。居安思危地说，即使在负面的状态下，只要注重过程、把握流程都可以做到转危为安。在一定意义上，园丁浇花也是一个过程，过程当中需要阳光、雨露和温暖，需要抵抗消沉的坚强。王小波在一首诗里说："当我跨过沉沦的一切，向着永恒开战的时候，你是我的军旗。"在过程当中，需要这样的笃定。良好地走完过程，就像果农收获成果，这就是有结果。老话说的水到渠成，就是如此。

当今社会，一个人职场上的成功与失败背后影响的是一家人甚至一群人。以律师为例，大的影响可能是律师背后一家人的生活质量，小的结果看起来和律师本人及其家人无关，但其影响的是当事人背后的家庭。所以说执行求结果，问耕耘也问收获，应当成为法律人的座右铭。

因果是一个佛教用语，有因有果，善因得善果。黑格尔曾经说："一粒种子当中包含着树的力量。"做好因很重要，得到果更难。在《说文解字》当中，"因"字解释为就，意思是当你培植一株植物时，你需要种在高处，要有一个大的范围，要扎实牢固，而"果"是"木之实也"。所以，《说文解字》对因果的解释，可以给我们佛教阐发之外的极好的启发，这是一个有画面感的解释：在一处高地上，人们认真地栽下树木，由此展开培育的历程，最终十年树木，果实累累，到果实长成之时，所有人既欢欣鼓舞，又松一口气，这就是执行的成果，值得所有人为之向往、为之奋斗。

【共读】

……诚宜开张圣听，以光先帝遗德，恢弘志士之气，不宜妄自菲薄，引喻失义，以塞忠谏之路也。

宫中府中，俱为一体；陟罚臧否，不宜异同：若有作奸犯科及为忠善者，宜付有司论其刑赏，以昭陛下平明之理；不宜偏私，使内外异法也。

侍中、侍郎郭攸之、费祎、董允等，此皆良实，志虑忠纯，是以先帝简拔以遗陛下。愚以为宫中之事，事无大小，悉以咨之，然后施行，必能裨补阙漏，有所广益。

[（三国）诸葛亮：《出师表》]

无论法律是直接运用暴力使这种状态终止，如由士兵保护房屋免受暴徒滋扰，或为了公共用途征用私有财产，或根据一项司法判决绞死罪犯，还是间接地借助人们的恐惧而使那种状态终止，它的目标都一样是某种外在的结果。举例来说，在针对抢劫和谋杀的时候，法律的目的在于终止这种对他人财物的实际的物理性夺取和持有，或者终止导致他人死亡的实际的投毒、射击、刺杀和其他种种。如果这些事情没有人去做，法律禁止它们的目的就已经达到了，而不用不管人们心里是怎样想的。

（［美］霍姆斯：《普通法》，冉昊、姚中秋译，中国政法大学出版社2006年版）

托马斯·比伊克：《乌鸦与水罐》，1784 年

第八条 **【化解利益冲突原则】** 利益冲突是资源稀缺下的社会常态。但是，好的文化能做到承认竞争并尊重竞争者，好的措施能做到化冲突为合力。

【述理】

人类有很多天生的欲望，比如占有的欲望、囤积的欲望。这些欲望看起来是为了占有和囤积，是为了让自己所拥有的东西固化和增多，本质上却是对于稀少的担心和忧虑。

从资源稀缺的角度来看，人类普遍意义上吃得饱的时间应该不会超过二百年，而吃得好则更是少数人的常态，多数人追求的只是温饱。在这一意义上，人类到现在仅仅初步告别了衣食上的资源稀缺。

我们依旧可以将资源稀缺总结为三类：第一类是基本需求满足意义上的资源稀缺，刚才所说的基本衣食保障属于这一类；第二类是优质物品供给意义上的资源稀缺，这一问题本质上无解，因为优质物品数量本身较少，能生产出来的尚可依靠生产来解决，而不能生产的那一部分就只能归属于少数人。此外，即便是可以生产的，也仍然和人类社会当中的资源投入挂钩，能占有极致产品的人终究是极少数；第三类是"内卷"模式下人与人之间的竞争所造成的资源稀缺，比如中国古代的科举考试，其所产生的进士数量稀少，对于一个普通家庭来说，培养一个进士"改换门庭"，需要耗去几代人的时间。近代社会，岗位的供应量虽不像进士那般稀缺，但由于劳动力基本都接受过教育，所以竞争显得更为紧张。由此可知，无论在哪种情况之下，人类社会中的利益冲突都是不可避免的。

英国思想家霍布斯在《利维坦》中描述国与国的竞争状态时指出："他们的武器指向对方，他们的目光互相注视；也就是说，他们在国土边境上筑碉堡、派边防部队并架设枪炮；还不断派间谍到邻国刺探而这就是战争的姿态……这种人人相互为战的战争状态，还会产生一种结果，那便是不可能有任何事情是不公道的。是和非以及公正与不公正的观念在这儿都不能存在。没有共同权力的地方就没有法律，而没有法律的地方就无所谓不公正。暴力与欺诈在战争中是两种主要的美德。"

霍布斯的这段话叙述出了残酷的真实。人们常说的修罗场是对于霍布斯的学术表达的一种概括，当利益冲突特别激烈，即人们对于稀缺资源的争夺十分激烈时，如霍布斯所言，欺骗和暴力就会成为被歌颂的东西，其中可以区分出小共同体和大共同体两类不同场域。或许在小共同体当中讲求的是团结互信、和平平和，而一个小共同体与另一小共同体之间就未必如此，一个大共同体与另一大共同体则更难。所以，当一个大共同体当中的凝聚意识得到强化时，为了大共同体的利益，内部的人为了打败敌人不惜采用欺骗和暴力的手段。我们通常所批评的阴谋诡计，表现在这种大竞争时，就可以被美化为兵不厌诈。

人类要迈向文明的状态，告别"霍布斯丛林"是特别重要的一条。告别"霍布斯丛林"时的状态必须是冷静和理智的，基础的想法是我们需要明确在资源稀缺的不可改变的人类社会状态当中，利益冲突是常态，乌托邦式的美好场景很难出现在人类的过去，即使是现在也只能说相对地构建，绝对实现是不可能的。人类不能无视利益冲突而去构建一个想象的社会，整个社会不能如同母爱一般以无私的状态来连接人与人。但反过来说，我们也不可能承认、不可能坐实这个社会就处在"霍布斯丛林"当中。

古罗马的西塞罗在《法律篇》中指出："我们所谓的人，是具有预见性、灵敏性、综合力、机智力，是富有记忆力、充分的理性和深谋远虑的动物。……人是如此众多的各种各样的活的生命当中唯一获得一种理性和思维的生命，……真正的理性，唯独真正的理性，才能使我们超越禽兽的水平，才能使我们进行推理、证明与反驳、讨论与解决直至获得结论。"从中，我们可以知晓西塞罗这一表达并非想象像神一样的人，而只是去想象理性的人。一个理性的人应该以诚实信用为乐，而不是以欺诈为乐；应该以心怀仁爱为乐，而不是以阴暗恶意为乐。虽然做不到如母爱那般无私，但仍然试图践行"老吾老以及人之老，幼吾幼以及人之幼"。

人与人之间充满善意与尊重的社会是值得期待的，同时也是可以期待的，而这种期待是在承认利益冲突的前提之下。化解冲突倡导良性竞争，营造和睦的氛围，在此基础上形成一种共同体文化，这是法律人小共同体面对利益冲突时的应有之义。

什么是文化？文化是指心理定式和行为模式。一个人心里想什么，行为又是什么。一个人行为远远有别于周围的人，那么这个人的心理和行为就不能代表这一地区的文化。文化是大多数人心中所想以及行为所表现出来的。

在一个地域、一个机构当中，如果一群人这样想，这样做，而另一群人反之，那么这就叫文化冲突。所以面对利益冲突，不同人群也会形成文化冲突。一个好的法律人共同体，关于利益冲突的文化也应该从冲突走向趋同，这并非朝夕之功。

中国的传统社会中，有一种尚和的文化。实际上这就是中国古人面对利益冲突所做出的一种选择。我们可以对这种尚和文化做一种创造性转化，当今的尚和文化更强调积极有为，承认利益冲突，积极参与竞争，但彼此尊重，去除戾气。在积极有为的尚和文化中，我们可以引进"一团和气"这个词，朱熹曾说程颐待人接物是一团和气，明宪宗朱见深曾经画过一团和气的名画，在旧的尚和思维中一团和气可能带有负面性，在新的尚和文化中一团和气其实是值得倡导的。微笑终究比怒目圆睁更有亲和力，更符合人们对于环境的想象，因为它带给人以安全感和舒适感，而非紧张和不适。

在此基础上，好的激励措施在激励良性竞争的同时也会适当地将小共同体内的冲突化为合力。这当然需要共同体内的人都有较大格局。

【共读】

兵静则固，专一则威，分决则勇，心疑则北，力分则弱。故能分人之兵，疑人之心，则铢铢有余；不能分人之兵，疑人之心，则数倍不足。故纣之卒，百万之心；武王之卒，三千人皆专而一。故千人同心，则得千人力；万人异心，则无一人之用。将卒吏民，动静如身，乃可以应敌合战。故计定而发，分决而动，将无疑谋，卒无二心，动无堕容，口无虚言，事无尝试，应敌必敏，发动必亟。

故将以民为体，而民以将为心。心诚则支体亲刃，心疑则支体挠北。心不专一，则体不节动；将不诚心，则卒不勇敢。故良将之卒，若虎之牙，若兕之角，若鸟之羽，若蚈之足，可以行，可以举，可以噬，可以触。强而不相败，众而不相害，一心以使之也。故民诚从其令，虽少无畏；民不从令，虽众为寡。故下不亲上，其心不用；卒不畏将，其形不战。守有必固，攻有必胜，不待交兵接刃，而存亡之机固以形矣。

（［汉］刘安：《淮南子·兵略训》）

调解就是为纠纷双方提供一个能够使他们相互沟通、交流的平台，让他们充分表达自己的思想，同时宣泄自身的情绪，从而使他们感到自己的心声得到了倾听和理解。如此一来，调解人就能够使他们更清醒、客观地处理他们的冲突。

（［美］斯蒂芬·B. 戈尔德堡等：《纠纷解决——谈判、调解和其他机制》，蔡彦敏等译，中国政法大学出版社2004年版）

亚瑟·拉克汉姆：《铜罐与瓷罐》，1912 年

第九条 **【化解时间冲突原则】** 时间组成了人的生命，人的温暖与快乐都承载于有限的时间之上。联合型的机构往往呈现时间冲突，也就是有限的时间在机构业务与个人业务之间的分配冲突。解决冲突的办法是约定、激励和尊重劳动。

【述理】

由于人的生命是有限的，所以时间成了人最重要的资源之一。当然，并非每个人都积极认识到这一点，所以虚度时光的人也相当多。

对于古人来说，尤其是对于身处罹难和战乱的古人来说，生命更加有限，所以其对于时间的焦虑也显得更为突出。或许魏晋时期的思想家王弼之所以在不足30岁的年纪就写出了中国历史上杰出的思想史作品《老子注》和《周易注》，就是因为他焦虑于时间的有限。生命当中变数太多，所以创业和行乐都需及时，这是魏晋时期人们相当普遍的心态。也因如此，他们不仅对于时间的永恒更为向往，同时也更为注重代际传承。在魏晋贵族看来，既然自己的生命相当有限，那么就要及早考虑如何实现家族内的传承。

由此可知，一方面，时间的有限性激发了人的创业和行乐意识以及代际传承的紧迫感；另一方面，由于没有现代式的时间刻度观念，古人在时间的具体安排上就不可能像当代人一样精确，而是相对模糊，相对从容。当代人以小时为时间单位所安排的事，古人有可能以一天为时间单位来安排。

人类的很多温暖和快乐建立在有限的时间之上，同时，温暖和快乐也都会在时间中被改变。"临行密密缝，意恐迟迟归"是一位慈母在与孩子分离时所表现出的温情，"三春去后芳菲尽，各自须寻各自门"叙写的是盛筵必散。钱锺书先生曾说：越到晚年，越认识到人生的逼窄。实际上，这写了人们对于时间有限性的递进的认识，年龄越小越觉得时间无限，年龄越长越觉得时间有限，温暖和快乐不仅终将消散，而且极其有限。所以，惜缘也就是惜时，人终须珍惜时光。

职场当中的时间表现各不相同，我们可以将其分为集中型机构的时间表现和联合型机构的时间表现。举个例子：机关单位、工厂企业就是集中型机构，而律师事务所就是联合型机构。

对于集中型机构来说，内部的工作成员虽然做了不同的分工，但步调是一致的，所以机构和个人在工作时间和工作安排上都较少发生时间冲突问题。冲突只有在少数情况下会发生，且大多数是因为临时性事务，比如一位员工被安排到了年底文艺演出的活动当中，她需要完成本职工作，而这个临时安排的文艺演出工作也要做好，她的时间就需要做好协调与安排。除非这家单位给她特批了文艺演出的时间，她可以全身投入，否则会出现一个悖论：一个在文艺演出上惊艳全场的现场之星很可能因此耽误工作，显得工作有些吊儿郎当。

而在联合型机构中，"公田"和"私田"的冲突就会相当普遍。如果一个合伙人每天既需要做好一个律师事务所的公共事务，又要把自己手上的案子办得漂亮，那么这般"公田"和"私田"的冲突每天都要发生。在一个画院中、一个教学机构中、一个作家协会中，这样的冲突常常发生，这是因为这些联合型机构都带有人合性质，每一个个体都带有独特、自主的担负——从职业性质出发的个体使命。而与此同时，从本职工作出发，他又需要把手上的活做好，把本职工作做好，这样才能养家糊口，才能满足社会的需求和期待。就一名律师而言，他和律师事务所之间存在这样"公田"和"私田"的冲突。放之于社会，即使这是一个有着较富有公益情怀、公共意识的律师，这样的"公田"和"私田"的冲突也依然存在。比如一位律师是人大代表，他作为人大代表履职和他作为律师办案，二者之间也存在时间冲突。

对于一个律师事务所来说，面对这种永恒的

"公田"和"私田"的冲突，不能无视，也不能轻视，而应寻求良好的解决之道，这里的"良好的解决之道"有三个关键词：约定、激励和尊重劳动。

如果公共事务中的合伙人参与是必不可少的，那么合伙人理应参与进来，但是他的参与既然占用了个人律师的时间，他就应当从公共事务的付出当中获得一定的激励。而律师事务所也应当建立这样的激励机制，双方形成有效的约定，对于律师的积极劳动，律师事务所应当表示足够的尊重。

反过来说，参与公共事务并不是每个人都可以获得的机会，而往往是被选拔出的比较优秀的人才能参与，才能成为亲历者。所以，此时选拔他参与这一事情，本身就具有激励的性质。但是，从长远考虑，从事情的合理性本身考虑，对他的激励仍然应当是双重的，这也是一种公道。实际上这样一个原理，大概也可以成为一种描述社会与政府之间关系的模型。

【共读】

永和九年，岁在癸丑，暮春之初，会于会稽山阴之兰亭，修禊事也。群贤毕至，少长咸集。此地有崇山峻岭，茂林修竹，又有清流激湍，映带左右，引以为流觞曲水，列坐其次。虽无丝竹管弦之盛，一觞一咏，亦足以畅叙幽情。

是日也，天朗气清，惠风和畅。仰观宇宙之大，俯察品类之盛，所以游目骋怀，足以极视听之娱，信可乐也。

夫人之相与，俯仰一世。或取诸怀抱，悟言一室之内；或因寄所托，放浪形骸之外。虽趣舍万殊，静躁不同，当其欣于所遇，暂得于己，快然自足，不知老之将至；及其所之既倦，情随事迁，感慨系之矣。向之所欣，俯仰之间，已为陈迹，犹不能不以之兴怀。况修短随化，终期于尽。古人云："死生亦大矣。"岂不痛哉！

每览昔人兴感之由，若合一契，未尝不临文嗟悼，不能喻之于怀。固知一死生为虚诞，齐彭殇为妄作。后之视今，亦犹今之视昔。悲夫！故列叙时人，录其所述，虽世殊事异，所以兴怀，其致一也。后之览者，亦将有感于斯文。

[（晋）王羲之：《兰亭序》]

以理性主义为基础的法律效益化是现代法制与传统法律的重大区别之一。这是因为法律的高效化是法治社会的必然要求，而法律的低效化则代表人治主义居于主导地位，法律的权威性未能得到社会成员的高度认同，社会成员及其组织没有形成对法律的信赖感，因而也就不能自觉地以法律来规范自己的行为。

（[英]彼得·斯坦、约翰·香德：《西方社会的法律价值》，王献平译，中国法制出版社2004年版）

手帐

第十条 【公共原则】公共资源的建设是一个"百年老店"的核心要事之一。公共资源的建设指向人、财、事。对律师事务所来说，人是公共团队，财是公共积累，事是公共案源。

【述理】

公共是国人的重要情怀，有些时候却也以公共为困扰。以公共为情怀，指的是国人往往热爱公共。人的本质是独立个体，为何崇尚公共？其中一个原因是人必须生活和工作在合作中。

"各人自扫门前雪，莫管他人瓦上霜"，如果每个人都把门前的雪清扫了，可以视为自己对自己负责，那么公共地带的雪由谁清扫呢？道路在被私人独占时，其效用不能完全发挥。故而，道路成为具有典型的公共属性的基础设施。道路的雪也是最应该被清扫的，因为道路的利用率高且危险性大，所以当人们各负其责时，表面上看这是一件好事，但实际上却出现了公共困境，即道路的雪无人清扫。

在任何时空中，都存在公共领域和私人领域的划分问题。事实上，公私问题是人类的基本问题。若以一个人作为划分依据，我们可以把世界划分为自己和他人，此处的"他人"除了指个人以外的其他个体，还可以指集群，例如社会。有些公共事务，不能由个体解决，就设立公共部门解决，很多公权力就由此而来。

然而，即使在社会已经历万年发展的当今，仍然存在两个问题：一是公共权力为解决公共事务而被设立，但有时仍会侵犯到个体权利；二是即使公共权力足够发达且私人对自己以及公共的责任心都有所增强，公共困境仍不能且也不可能得到解决。正因如此，公私的问题才成为社会中既基础又永恒的问题。

公私问题总体表现为两个方面：冲突和统一。按照中国的古文字学，"公"上面的"八"字是分开的意思，所以，韩非子说："自环者谓之私，背私者谓之公。"这句话形象地将上古仓颉造字的根据道出。按照古文字学的解释，公就是不私。反之，私就是不公。

从这一角度上看，二者是分离的关系。借助这一分类，我们可以知道哪些事是公共领域，不能掺杂私人成分；哪些是私人领域，公权力不宜也不能介入。说句玩笑话，公和私不能像东北菜一样"乱炖"。由此，也区分出了公共责任和私人责任。正如"自扫门前雪"这句话所表明的，私人要把自家的雪扫完，不要指望公共部门来帮你清扫；而公共权力旨在解决公共事务，那么就要力争将其圆满完成。如果"乱炖"了，那么可能出现的情况不是化公为私，就是要求个体履行超量的责任，二者皆为不妥。从统一的角度来说，设立公共权力就是要求做其到为社会、为每个具体的个人服务。同时，个体也应当按照法律和规则接受公共权力的执法。

此外，"公"可区分为三大类：一是政府机构，二是社会组织，三是工商机构。一个工厂管理一百人，这个工厂无疑具有一定的公共性，作为工厂中1%的员工来说，他与社会发生的公共性联系中有不少来自他与这个工厂的联系。

一个有责任心的公共机构，应当有愉快的、长久的为公众服务的意识和责任感。由此机构也要完成公共建设，此处的"公共建设"分为人、财、事三大类：在公共机构当中，需要有形成了梯队的优秀的人在各自岗位上履行公共职责。一个规模较小的政府所拥有的工作人员较少，管理的事务就少，所能提供的服务可能也会偏少，但是这样的机构它的社会负担也会偏轻。反之亦然，一个规模较大的政府，它本身的社会负担就会偏重。这当中要以一个从事公共服务的人是否有效提供了他的劳动为标准。公共的财物也具有同样的道理。公共的财物都为解决公共事务中的问题和提供更好的公共服务而构建。从而，既可以从负面防止忧患和风险，又可以从正面激励士气和塑造形象。公共事务中的"事"则更加具体，但仍然区分为长期规划和具体执行事务。长期规划应当具有雄心，又应当务实；具体事务应当细致，但也要具有相应高度。

对于一个律师事务所来说，人、财、事可以具体表现为公共团队、公共积累、公共案源以及其他的公共事项。

公共团队可以分为两部分：一是管理机构等行政类、运营类的部门，二是一支机动性较强的与不同合伙人形成合作、完成任务的超越型办案人员。

公共积累是打造"百年老店"的"基金"，是提供优质公共服务的基础，是走向全国、走向世界，进而领先全国、领先世界的"军粮"。中国古代的士大夫普遍具有国家观念和天下观念，所以要治国平天下，但是实际上秦汉以后较长一段时间里，国家和天下界限并不分明。模糊地看，国家似乎等同于天下，天下似乎等同于国家。近代以来，国家与天下再度分离。国家是我们的祖国，天下是世界，是国际社会。所以，有着国家意识和天下意识的当代"士大夫"既要力争在全国某一事业当中名列前茅，又要闯荡天下之江湖。他们从以往的输入型模式迈入输入、输出并举的模式，希求对世界做出贡献，并在世界范围内占有一席之地。正如古人所言："大道之行也，天下为公。"对于法律人来说，这也是法律人应当奉行的大道。

公共案源是律师事务所办案探索的一种方向，是联合性机构向统合性模式转变的一种表现。人与人的联合是律师事务所合伙人模式，联合有松有紧。联合紧密时，交叉领域变多，需要合理分工、发挥各自优势。

当地理位置优越时，不同的河流有时汇成大江大河，有时汇成大湖。一个狭长谷地会形成大江大河，一个洼地会形成大湖。无论是大江大河还是大湖，虽然其公共状态的表现不同，但都呈现公共属性，这也是由小变大的一个机构的必然趋势和积极探索。

【共读】

"无纾目前之虞，或兴意外之变。人者，邦之本也。财者，人之心也。其心伤则其本伤，其本伤则枝干颠瘁矣。"又曰："人摇不宁，事变难测，是以兵贵拙速，不尚巧迟。若不靖于本而务救于末，则救之所为，乃祸之所起也。"

[（宋）司马光：《资治通鉴·唐纪十四》]

公民们都有充分的资产，能够过小康的生活，实在是一个城邦的无上幸福。如其不然，有些人家财巨万，另些人则贫无立锥，结果就会各趋极端，不是成为绝对的平民政体，就是成为单纯的寡头政体；更进一步，由最鲁莽的平民政治或最强项的寡头政治，竟至一变而成为僭政。僭政常常出于两种极端政体，至于中产阶级所执掌而行于中道或近乎中道的政权就很少发生这样的演变。

（[古希腊] 亚里士多德：《政治学》，吴寿彭译，商务印书馆1965年版）

钢笔水瓶

第十一条 【律师执业专业化原则】律师和医生被认为是现代社会最具专业化色彩的职业之代表。律师的专业化主要表现在教育、知识、经验和思维等方面。律师执业行为的商业性和公益性都促使律师进一步专业化。律师的专业化是受到社会推定和公认的，优秀律所在此方面不应辜负社会的信任。

【述理】

在"专业"和"专业化"成为社会通用语之前，人们通常用两个词表达类似的意思，一是科班出身，二是懂行。科班出身是指接受了规范的法学教育，懂行是指具有专业知识和处理实践问题的能力。

进入现代社会以来，在一所大学接受教育并且获得相应的证书和学历证明是一个人接受过规范、系统的教育的标志之一。有意思的是，1949年以后，关于大学的毕业证书曾有过"证书"和"文凭"这两种表达方式。所以，社会上曾有所谓"文凭热""重文凭"这样的说法，此处"文凭"并不是一种社会俗称，而是当时短暂的规范称呼，例如在上世纪50年代，西南政法大学的毕业证书就曾被称为文凭。

中国的法律人对于世界范围内广泛公认的、拥有完整大学体系并发展至今的第一所大学——博洛尼亚大学，有着一定的情愫。经过20多年法学教师的知识传播，法律人知道了在博洛尼亚大学中，法学、医学、神学是最早的三个专业。这样一段历史，犹如一个传说、一盏明灯，共情了人们内心的光明，鼓舞了人们的职业荣誉感。

然而，在社会生活当中，法学对于从业者科班出身的要求远没有达到医学对于从业者科班出身的要求的高度。人们很难想象一个没有接受规范教育的医生给自己看病是何种体验，可有的人对律师专业与否并不看重，只强调其实效性，只需要官司能够打赢。但是，在博洛尼亚大学的明灯照亮了道路和人们的心路时，专业化成为虽遭遇波折但大势所趋的共识。当人们谈论律师职业伦理时，如同谈论医生的职业伦理，其对于职业伦理的高要求都建立在职业专业化的要求之上。

事实上，在领域越发细化的现代工商业前沿，人们对于律师专业化的要求也会随着所接受的专业训练和所吃的亏而逐渐固化。一个企业以较低的成本聘请一个不专业的律师给这个企业带来的损失可能极其巨大，假设此时一个极其专业的律师做到了力挽狂澜，那么，这种鲜明的对比无疑会让企业负责人产生真切的体会。从自己吃一堑长一智，到他人吃一堑自己长一智，现代工商业文明逐渐催化了律师专业化。

归纳起来，律师的专业化主要表现在教育、知识、经验和思维等方面。有一句话是这样说的：很多诗人是法学院逃逸的学生。的确，诗人的感性浪漫在高度理性化的法学院是有些"水土不服"的。尽管在学科方法上，当代经济学的学生很大程度上接受了数学工具的训练，但是与数学表面上联系较少的法学专业的学生在逻辑强度上、宏观体系性上、概念细分和精准性上，其所呈现的理性是面对经济学学生也不遑多让的。所以，法学院的理性化教育可以说数学成分不多，但却有不亚于数学训练的效果。

社会生活不是数学式的计算和推演，法学在表面上与数学关联较少，但与社会生活关联较多。法学把社会生活丰富多样的特征与规范思维密切相结合，用法条、法理和推理来回应丰富的现实，来提取丰富现实中的公约数，并形成社会指引。

对法律的思考和学习绝不是写一首诗，但却值得用一首诗点赞。经过教育，法学院学生具有了系统的知识和独特的思维方式，形成了一种"像法律人一样思考"的状态，形成了一种冷静客观、全面缜密、相信证据、重视细节的心态和习惯。听到一则流言不轻易相信，看到一种说法不简单的人云亦云，如果需要的话，对其做出冷静、客观的分析，这是经过法学院系统训练的法律人应有的表现，这是与法学知识相关的一种思维模式。重视细节、重视基本概念的准确表述、重视标点符号的规范使用。好的法律人，不会在小处轻易放过，当一位优秀的法律人进入法律职业当中，无论是法官、检察官还是律师，会从实践中强化自己的知识和思维，形成相当的经验和能力。

故而，在一部影视作品当中，一个扮演法律人的演员，如果只是表面化地表达法律人的情感，那么他是没有捕捉到法律人理性、严谨的气质的。而影视剧的编剧也不应放过法律人的法言法语，这些容易被编剧和演员忽略的方面恰好是法律人专业化的外在表现。

和法律职业中的其他职业相比，律师职业的商业化是最突出的，任何国家都是如此。律师服务于市场主体，而自身也是市场化运营的律师事务所中的一员。所以，律师的职业行为具有双重的市场属性。

市场主体，最大的属性就是自我决策和自我担责。在风云变幻的市场环境面前，市场主体要做出决断，在强手如林的市场竞争面前，市场主体需要不断提升自己的本领，并且负担自我决策的收益和风险。所以，当市场越来越趋于专业细化时，律师事务所会呈现进一步专业细化的需求。此处的专业细化包含两部分：一是具备法学的基本素养和基本能力，二是需要在某一个具体的社会分工和法学交叉中寻找到一个具体的结合点。拿着上世纪八九十年代的法学教材，不足以应对当今的互联网问题，这是因为日新月异的发展给法学和法律人都出了一张必须答出好成绩的试卷。

同时，在开放的格局当中，一名法律人看似应对的是区域性的问题，而其中隐含着的仍然是全球性的问题。其中，有的与技术有关，有的与法律文本有关，有的与市场行为的全球性有关。

此外，还有相当一部分律师的工作具有公益的属性。以法律援助为例，这是一项维护公民基本权利的与正义相关的公益举措、公益制度。由于面对的是法律素养在提升当中的法官、检察官，在法律援助的案件当中，律师自然不能有所含糊。当案件有颇受社会关注的热点时，律师所担负的责任则具有多重性，而考验的第一位仍然是律师的专业化程度。

当中国经济取得了相当的成绩之时，像我们曾经看过的上世纪八九十年代的影视剧一样，律师以一种西装革履的精英形象走到了社会生活中，人们对于律师专业化程度的需求足以比肩人们对于医生专业化程度的要求。律师专业化逐渐成为社会共识，同时也构成了律师职业尊严的坚实基础。

一个优秀的律师事务所正是专业化律师的聚集之地，这也是这个律师事务所在社会上的立身之本。律师事务所在推进专业化的道路上任重道远，这也是其不辜负社会期待的应有之义。理性的法律人面对社会不应该是理想化的，但应该有理想。专业化就是理想之一。

【共读】

凡百姓有利弊不能上通则呈,呈者陈白其事……不当限以字之多寡。百姓有冤抑,欲求上伸则告。告者只许言其紧要,恐字多则易入无情之词,故宜定以字格。然刃笔作家,颇能于简练之中装点理伏,使看者遽信为真。迨对质之时,颇属虚诞,故颁刻印状,不贵限字而贵合式。如告人命,必连伤痕凶器谋助单;告强窃盗,必有地方邻里并粘失单;告奸必须现获;告田产债负,必抄粘契券。如不合式,不与准理,则谎状自少。

[(清)潘杓烁:《未信编·刑名上》]

无论在什么法庭上,你必须给人留下一个好印象。你的外表能说明很多东西。衣着要整洁,不要不修边幅;要修饰好装束;声音要悦耳,不要刺耳,不能不和谐;声调要掌握得使每个人都听着很自然;咬字要清晰不要吐字含混;讲得不要太快也不要太慢。……不要把手插在兜里，这会让人觉得你懒散；不要身穿长袍，手拿铅笔，面带焦躁不安的神情，这会让人觉得你紧张；不要与身边的人小声交谈，这会显得你对别人不够尊敬；不要"嗯"呀、"啊"呀的，这会使你的思维显得不敏捷，不知自己下面该讲些什么；要避免令人讨厌的矫揉造作，它会分散听众的注意力；不要迟钝；不要总重复自己说过的话；讲话不要冗长，否则，就会使你失去听众。而你一旦失去了他们，你说什么都没有用处了，你绝不可能再把他们拉回来——使他们注意听你讲。……有一件事情你可能避免不了，即案件开审以前的紧张。每个律师都知道这一点。只要紧张得不太厉害，在某种程度上它还有帮助。

（［英］丹宁勋爵：《法律的训诫》，杨百揆等译，法律出版社 2011 年版）

德伯莱尔:《在凌晨一点》

第十二条 　【行政管理专职化原则】　行政管理的专职化是机构扩大后的必然趋势和必由之路。专职化的行政人员要有极强的服务意识和效率意识，具有机构内的"准执法权"并应具备法治意识。

【述理】

思考行政管理的专职化问题，我们可以从思考组织的类型入手。组织的类型可以分为三类。

第一类是与区域相关的组织，例如贸易小镇。在余华的小说《文城》中，溪镇是位于江南的一座贸易型小镇，它具有较强的自治属性，各行各业都依据其自主意志运转，机构之上是行业协会。在此情况下，必然需要政府发挥管理职能，政府官员可以是上级委任的，也可以是由当地选举产生的，但都面临是否专职化的问题。如果是非专职化的，就涉及如下几个问题：第一，他是否能够全心全意地投入公共管理的工作当中；第二，在公共管理的过程中，他所处理的事务是否涉及私人利益，是否存在以权谋私的可能；第三，在他从事自己业务的过程中，若与其他组织发生利益冲突时，他是否会滥用公权力。故而，在与区域相关的组织当中，公共管理部门人员的专职化是不可或缺的。

在中国古代，朝廷派往各地的官员较少，官员履职后，需要雇佣当地的胥吏组成衙门，而胥吏分工不同，有的以脑力为主，有的以体力为主，他们也存在是否专职化的问题。本质上看，他们也是专职化的，只是专职化的程度不够。

第二类是与生产及其他事物相关的组织，工厂、票号和商号是其典型代表。早期的工厂，老板既是出资人、管理人，同时也参与劳动，商铺也类似于此。后来，逐步演化为老板不再劳动，同时还雇佣管理人员进行管理，而这些管理人员通常也不付出体力劳动。

实际上，如果我们将古代的地主和他所雇佣的劳工看作一个企业，那么这个"企业"同样也会面临生产型机构的组织问题。有的地主本身就很勤劳，也参与种地，而另外一些地主则表现得好吃懒做。通过这些描述，我们可以看得出来：在农村，随着土地和经营范围的扩大，也面临着以"地主"为称呼的"农业资本家"是否迈向专职化的问题。

从朴素的情感出发，一个工厂老板不干活，只是进行管理，激起的义愤较少；但地主只管理不干活，激起的义愤却较多。这是因为作为长工、短工的劳动人民对于劳动的朴素的爱以及对非体力劳动人员朴素的憎恨。

第三类是家庭型组织，《红楼梦》所述是很好的事例。王熙凤是荣国府的管理人员，她主要的管理事务是财富分配。实际上，贾府中，还有两个不太引人注意的管理人员，那就是贾珍和贾琏，他们二人与向贾府缴纳田产租金的管理人发生联系。由此可知，王熙凤负责内部分配问题，贾珍和贾琏负责外部生产问题。

事实上，他们三人都是非专职的管理人员，因为荣国府作为庞大的家族，主要是消费主体，其生产职能并不明显。此处大概也藏着中国古代经济发展不够迅猛的秘密——当贾府存在着迈向生产型组织的可能时，其消费组织的本质阻碍了其继续向前发展。

但是，曹雪芹之所以能够写出《红楼梦》家庭型管理人员王熙凤的管理细节，是因为他曾亲历这一系列的事务，而别的作家还没有将关注度朝向这一板块也表明，中国古代思考生产、管理的人偏少。

如果我们把《红楼梦》中的模式推演到先秦，就会发现：在区域型组织中，其管理模式是家庭型组织模式的扩大化，从君主到贵族，都基于血缘而形成亲属关系，这种基于亲属关系而进行的分工一定意义上是《红楼梦》式的分工，而不是生产型组织模式下的分工，同时也不具有明确且强烈的生产型意识。基于此，区域型组织虽然在古代中国具有公共管理的属性，但呈现了家庭型组织的一面，它迈向行政管理专职化的程度远远不够。

律师事务所的本质是生产型组织。虽然它并不直接生产产品，但是律师事务所确实是营利机构，它的逻辑是生产型组织的逻辑。律师事务所和一般生产型组织的区别在于，前者以脑力劳动为主，后者以体力劳动为主。正因如此，一般的生产型组织中，有相当多的行政管理型人员，而律师事务所却未必形成了行政管理专职化的共识。

但随着机构规模的扩大，行政管理专职化确实是必由之路。由于律师事务所具有人合性组织形式，人们对于律师事务所内部的行政管理专职化认识得不够彻底。反过来说，在实行了行政管理专职化的地方，律师事务所内部的专职化行政人员不免会染上"管理病"。

什么是"管理病"呢？其本质上是官僚主义的病症，这种病症的本质是把自己当成发令官、指挥官。权力是会异化一个人的。一方面，因为对方会因为你权力的光环而对你另眼相看，此时他敬畏的不是你，而是权力这一抽象的概念。另一方面，拥有一定权力的人，会感觉良好，不用对方先敬畏，自己就会先抖一抖威风。一般而言，律师事务所不至于出现如此严重的官僚主义病症。但是，如果专职化管理人员背离了专职化管理的本意，思想就会滑坡，乃至患上"管理病"。

显然，既然成立了专门的行政管理部门，就需要让这一公共管理部门拥有一定的权威和权力。所谓的"权威"是指让人信服的一种力量，没有权威的行政管理部门很难做到令行禁止，必然是低效的。

然而，有了权威的部门，则应当把服务意识和效率意识当成自己每天默念一遍的两个关键词。对于"服务"二字，有的人囿于日常生活的理解，这显然是简单化了。所谓的"服务"体现在主动和被动两方面，主动是指考虑到相关人员的基本需求。被动是指对方在提出相关需求之后，想办法去解决。在这个意义上，行政管理部门确实相当于战争中的后勤部门，但又比后勤部门考虑得更加周到和全面。后勤部门考虑的主要是粮草物资的问题。当代的商业文明中，行政管理部门的人员显然考虑得更多，以解团队的后顾之忧。所谓"效率意识"是指用高效的方式将各种职能履行完毕。真正进入诉讼状态下的人，懂得效率是法律生命的决定因素之一。在刑事诉讼中，尤其是在早期有关部门采取措施之时，在有效的时间里提供高效的法律服务，是律师的分内职责。行政部门的人员所面临的事务并不像律师所面临的那般紧急，但却要以紧急之心，处不急之事。而此处的"紧急"是稳妥，不是粗糙。

专职人员所强调的权力，我们可以称为准执法权。准执法权可以理解为依据已有的管理制度来进行管理。言有所本、言有所据、言有所出，这种依据意识是非常重要的，我们也可以将它理解为律所内部的法治意识。所以，法治并不仅仅是一种关于国家制度的设定，同时也可以是一种组织内部的思维方式。

律师和律所都很忙。正因为忙，所以出现两方面的特点：一方面是敏锐，另一方面是都想高效地处理问题，而不是陷入摩擦和扯皮。遵循法治意识是解决摩擦和扯皮的有效方式，也能够让敏锐的律师感到心情愉快。

【共读】

　　大司寇之职，掌建邦之三典，以佐王刑邦国，诘四方。一曰，刑新国用轻典；二曰，刑平国用中典；三曰，刑乱国用重典。以五刑纠万民：一曰野刑，上功纠力；二曰军刑，上命纠守；三曰乡刑，上德纠孝；四曰官刑，上能纠职；五曰国刑；上愿纠暴。以圆土聚教罢民，凡害人者，寘之圆土而施职事焉，以明刑耻之，其能改者，反于中国，不齿三年。其不能改而出圆土者杀。以两造禁民讼，入束矢于朝，然后听之，以两剂禁民狱，入钧金。三日，乃致于朝，然后听之。以嘉石平罢民，凡万民之有罪过而未丽于法而害于州里者，桎梏而坐诸嘉石，役诸司空。重罪，旬有三日坐，期役；其次，九日坐，九月役；其次，七日坐，七月役；其次；五日坐，五月役；其下罪，三日坐，三月役，使州里任之，则宥而舍之。以肺石达穷民，凡远近茕独、老幼之欲有复于上，而其长弗达者，立于肺石三日，士听其辞，以告于上，而罪其长。正月之吉，始和，布刑于邦国、都鄙乃县刑象之法于象魏，使万民观刑象。挟日，而敛之。凡邦之大盟约，莅其盟书，而登之于天府，大史、内史、司会、及六官，皆受其贰而藏之。凡诸侯之狱讼，以邦典定之。凡卿大夫之狱讼，以邦法断之。凡庶民之狱讼，以邦成弊之。大祭祀，奉犬牲；若祀五帝，则戒之日，莅誓百官，戒于百族。及纳亨，前王祭之日，亦如之。奉其明水火。凡朝觐、会同，前王，大丧亦如之。大军旅，莅戮于社。凡邦之大事，使其属眡。

（《周礼·秋官·大司寇》）

握有最高权力的人民应该自己做他所能够做得好的一切事情。那些自己做不好的事情，就应该让代理人去做。如果那些代理人不是由人民指派的话，便不是人民的代理人。所以这种政体有一个基本准则，就是人民指派自己的代理人——官吏。

〔[法] 孟德斯鸠：《论法的精神》（上册），张雁深译，商务印书馆 1959 年版〕

任率英：《百岁挂帅》手稿

第十三条　【理想原则】理想是自己给自己点亮的远方的明灯，是温暖的灯火和激情的动力。理想遵循长期主义。理想不是狂妄。

【述理】

在中国，"理想"一词是近代以来才逐渐为人所接受和采用的。在古代中国文献当中，"理想"一词偶然出现，基本上没有得到推广和使用。到了近代，这个词才逐渐为学界、媒体所采用，进而深度走入生活当中。

在古代中国，表达与"理想"近似含义的词是"愿"和"愿望"，比如五代的冯延巳写的《长命女·春日宴》这首词，"春日宴，绿酒一杯歌一遍。再拜陈三愿：一愿郎君千岁，二愿妾身常健，三愿如同梁上燕，岁岁长相见。"词里的"三愿"就是理想与祝福。

理想和愿望有许多重叠之处，但又有所不同。

愿望可以是远景的，也可以是近期的。一个人在上班路上遭遇堵车，希望不要迟到，下班路上去探店一家心仪的餐厅，希望不要排队，这都可以成为短期的小小愿望，但绝非理想。理想一定是远期的，而且是有所超越的。

一个人的理想可以是平淡的，比如一个人大学毕业之后，来到一家企业任职，他希望可以在这家企业任职到老，这并非一个高远的理想，但依旧是一个理想。这一理想看似平淡，但包含着若干对于环境和生命的期许。比如希望这家企业可以持续运营，这其实是对于这家企业营业状况的期待和祝福；比如希望自己可以任职愉快，这其实是对于人际交流环境的期许。所以，这一理想虽然无涉高远，但关乎未来。

在大环境不够好的时候，有些看似平淡的理想也变得格外耀眼。比如在巨大的战争和灾难面前，活下去就会成为人们的理想；比如遭遇重大的疾病之后，自己和家人能够安稳生活，这也是一个鼓舞人的理想。

所以，理想的高远与环境有重大关系，这也是为什么古人会感慨"乱离人，不及太平犬"。但是，当环境相对平缓宽松的时候，理想的高远性应当在优秀的人身上发挥作用。一般人对于生活的期许是有不错的薪资条件、不错的生活环境、不错的健康状态，那么优秀的人肯定不能把自己的理想仅限于这三个方面。在可以努力奋斗的时代，优秀的人应当设定高远的理想。

理想是自己给自己点亮的远方的明灯。

对于一个孩童来说，理想往往和职业有关。比如孩童设定自己的理想是成为一名科学家，成为一名企业家，成为一名旅行家，成为一名画家。但对于成年人来说，职业往往成为现实，此时他的理想就变成了如何实现人生价值，也即给自己和周围的人做些什么，给社会和世界做些什么。

对于中国古代的士大夫来说，立德、立言、立功是他的理想。立德是指努力做一个有道德、讲道德的人，做一个有文明、讲文明的人。立言是指将自己感性的创造和理性的思考落实成文字。立功是指做一个对社会、对世界有贡献的人。人们常说贡献不在大小，这指的是你尽力做贡献，当你尽力之后，贡献的大小就无关紧要。但如果没有尽心尽力，贡献的大小就会变得重要。

总体来说，作为这盏自己给自己点亮的明灯。理想给我们提出的问题终究是做一个什么样的人和度过一个什么样的人生。进而言之，是和什么样的人共同塑造人生、度过人生。幼时的职业愿景，成人后的人生价值愿景，都关乎于此。

罗大佑创作的《闪亮的日子》是一首记录理想的歌，"是否你还记得过去的梦想/那充满希望灿烂的岁月/你我为了理想/历尽了艰苦/我们曾经哭泣/也曾共同欢笑。"在追寻理想的路上，要经历漫长的过程，乃至一个永恒的过程，在这过程当中，快乐是阶段性的快乐，艰辛是长久性的艰辛，是身心所遭受的双重煎熬。而理想是人在感到艰辛时，仍然能够温暖自己的那盏灯火，是鼓励自己像"永动机"一般持续运转的那股动力。

任何设定理想的人都知道，理想不是一蹴而就的。理想需要与实力相适应，设定一个高远的理想，就需要相应的实力与之匹配。如果无此实力，理想只能是虚妄的。

人们常常把理想与现实作为一组对应的词汇。在这里，需要明确什么是理想，什么是现实？现实是短期主义，理想是长期主义；现实是六便士，理想是月亮；现实是面包，理想是百合花；现实是你夜里行走在郊外的小路上，遇到了一家客栈，即使你对它不够满意，但你依旧选择停下来休息，并且第二天也不打算继续赶路，理想是你愿意继续走一段不好走的路，去找那个你满意的客栈。当然，这样的找寻也是有风险的，因为你可能迷路，你可能精疲力尽，你可能在风雪交加的夜晚走到天明时分仍无所得。

如果说理想和现实存在冲突，那么这个冲突是永恒的。一个有着理想情怀的人，或许他的理想之一就是给更多人创造便利，让更多的人可以便捷地实现他的理想，让理想可以更好地变成现实。所以，我们一方面对于现实给予警示，反思自己是否止步不前；另一方面，我们也不可避免地生活在现实之中。人是现实之中的人，但人也在现实之中怀抱理想。对于怀抱理想的人来说，一方面理想不可极易获取，另一方面理想不可以过于不接地气。理想应当是结合现实的且符合人性的目标。

理想是遵循长期主义的。长期主义意味着人必须是坚韧的，同时也是乐观的。正因为人是乐观的，所以人不仅可以苦中作乐，而且可以不以为苦。

好的理想应该是正方向的。对于一个律师来说，他的理想应该是促进法治，应该与社会进步相关，而不是相反。所以我们谈论理想，不言自明地都意味着理想是与文明和进步相关联的词汇。在这个意义上，某个个体可能不重要，但却与文明和进步密切相关。这些文明和进步是人的共识，这些共识需

中闻原则——法律人的职业信念论纲

要在个体的行为中得到强化。这些共识记录在庄严的典籍、美好的文学作品、思想家和学者的表达当中。我们从中感受到共鸣，汲取到力量，由此形成与文明和进步相关联的理想。因此，读书、思考与好的理想密切相关。好的理想应该是靠谱的，而不是虚妄和狂妄的。一个人设定理想需要通过读书和思考来实现。好的理想的实现需要漫长的奋斗，而提炼好的理想也不是一蹴而就的。

【共读】

一曰：士不偏不党。柔而坚，虚而实。其状朗然不儇，若失其一。傲小物而志属于大，似无勇而未可恐狼，执固横敢而不可辱害。临患涉难而处义不越，南面称寡而不以侈大。今日君民而欲服海外，节物甚高而细利弗赖。耳目遗俗而可与定世，富贵弗就而贫贱弗朅。德行尊理而羞用巧卫。宽裕不訾而中心甚厉，难动以物而必不妄折。此国士之容也。齐有善相狗者，其邻假以买取鼠之狗。期年乃得之，曰："是良狗也。"其邻畜之数年，而不取鼠，以告相者。相者曰："此良狗也。其志在獐麋豕鹿，不在鼠，欲其取鼠也则桎之。"其邻桎其后足，狗乃取鼠。夫骥骜之气，鸿鹄之志，有谕乎人心者，诚也。人亦然，诚有之则神应乎人矣，言岂足以谕之哉？此谓不言之言也。

（《吕氏春秋·士容论》）

人类随时随地都要面对未知的未来，为此，他需要对超越其自身的真理的信仰，否则，社会将式微，将衰朽，将永劫不返。同样，人类处处、永远面对着社会冲突，为此，他需要法律制度，否则，社会将解体，将分崩离析。

（［美］伯尔曼：《法律与宗教》，梁治平译，三联书店1991年版）

苏联民航乘客离港表，1956 年

第十四条　【格局原则】做人、做事、看问题的格局要大。格局大包含胸怀宽广、视野开阔、得失钝感、求知敏感等方面。

【述理】

做人、做事、看问题都存在格局大小的分别，这大致是大气与小气的问题。通常来说，小气近似于天成，而大气则需要拓展和培养。但这也并非绝对的，有的人天生就偏于大气。在生活当中，小气通常带有贬义色彩，而大气往往是夸奖、表扬和肯定。对于"小气"，我们应当持这样的态度：

我们要承认、容忍和宽恕他人的"小气"。正如我们要承认、容忍和宽恕他人的自私、自立、自我，人首先要承认的是他人的小气和自私，这样才能够构建良好的边界意识和产权意识，才能够形成对于他人的基本尊重，才不会变成一个索求型的人。同时，我们要努力让自己和整个社会形成一种不那么崇尚小气的气质和氛围。小气是基础，基础很重要，在基础之上形成的更好的构建，当然也重要，甚至更重要。所以，在尊重小气的基础上，才谈得上拓展大气。

占有和储藏是人的基本心理。随着占有和储藏的欲望逐渐攀升，分享成为不可能，这就成为我们所说的"小气"。然而，还有一种小气不仅仅是针对他人，而且还针对自己。

反观大气，这实质上是对于小气的超越。大气分为两种：一种是在利益衡量之下的大气，这种大气的人处理的是大生意，他的大气是算计出来的大气；另一种并非超越了利益衡量，而是这个人本身就不那么斤斤计较，不会被占有、储藏、小的利益观念所束缚和灼伤。

此外，大气又分为做人、做事、看问题三类，而三者并不相同。做人的大气指向的是与自己相关的问题，此时所谓的"占有和储藏"这种基本心理发挥的空间更大。做事的大气未必与自己相关，因为你所做的可能是公共事务。所以，做事的大气与格局的联系更大。从利益的角度上看，既然你不是为自己做事，那么为什么不把格局放大呢？然而，在这个问题面前，人仍然会不自觉地选择小气、小格局。此处存在两个方向，一是固守现状，二是积极拓展。我们之前所说的占有和储藏放在公共事务上，就表现为固守现状。这体现的也是对未来的信心程度。有信心的人，觉得未来能够获得更多的收益，此处的收益包含财富，也包含其他方面，所以对已经占有的和储藏的，并不会那么在意。对未来没有信心的人，就会受制于现有的。当然，二者皆有其道理。只不过在和平的值得去奋斗的时代中，大气和大格局是更好的选择。看问题的大气与我们所说的见识密切相关。房龙在《宽容》里批评说："人们觉得现状已经很好了，不需要再作什么改进，原因在于对于别的世界他们一无所知。"这就是见识问题。读书、看世界，读得越深入，看到的世界越广阔，见识就会越大；而仅仅囿于眼前的薄薄的册子、凡俗的事物，确实会影响视野。如果并不涉及利益，仅仅评判一个事物，这时我们所说的占有和储藏这样的基本心理并不发挥作用，那就只是见识的问题。在见识问题上，由于不一定涉及利益，才更值得人们反思和自我警醒。

总体而言，格局大包含胸怀宽广、视野开阔、求知敏感、得失钝感等方面。

胸怀宽广是格局大的最主要方面。之前所说的占有和储藏，实际上还是不够的。比如说，一个人容不得他人批评，这和他是否占有和储藏没有任何关系。容不得批评表现在两个方面，一方面认为自己是对的，另一方面是保护自己的尊严。前者在于坚持自我的正确性，从而不愿意别人对正确意见的批评。后者与正确无关，而是认为自己的尊严受到侵犯。前者除了正确之外，还涉及胜负的问题，他自认为是正确的，并且想取得胜利。后者的尊严观念实际上是把肉体的受伤精神化了。所有的动物都面临肉体受伤的问题，受伤意味着身体完整性受损，

　　　　中闻原则——法律人的职业信念论纲

而且伴随着身体对受伤的回应机制，即疼痛。所以，包括人类在内，所有的动物都在避免受伤。而精神化指的是人除了肉体受伤，还会精神受伤，只是这种精神受伤不应当泛化。所以，这里的容不得批评表现在自尊方面和尊严方面，实际上是过度的自尊、过度的尊严意识和过于强烈地防止精神受伤的自我防备意识。胸怀宽广是一种常态，但也是一种超越形态。所谓"常态"是指人不能总斤斤计较胜负和防止肉体及精神受伤，人不是为了防止受伤而生存，而是为了呈现更好的生命状态而生存。超越了这些之后，胸怀自然宽广起来。胸怀宽广之后，格局自然也就大了。

视野开阔是时空意义上的概念，包含时和空两个方面。时，时间，就是要知道过去、现在和未来；空，空间，就是要知道自己所处之外的事情，地域、国家、文明之外的事情。历史在很大程度上丰富了人的人生，也丰富了人对于社会的认识和思考，仅仅看到自己有记忆以来的事情，再加上所处周围比较封闭的环境，那么一个人的见识肯定不会很深入，也不可能在看到很多事情、认识很多事情、思考很多事情的基础上，形成对一件事情、一类现象的深层次的准确认识，这也是所谓的"看山是山，看水是水"。在这一意义上，对于世界的认识、空间的认识更加重要，尤其是当周围的事物以及文明发生突变的时候。比如，周围的世界已经有了热兵器，你还在冷兵器的环境；有了汽车，你还在牛车的环境；有了互联网，你还在人力送信的环境。这种内外差异，足够用刺激来形容。在一定意义上，大的格局由刺激而萌生。这样的刺激在一定意义上也代表着他本人的突变。

求知敏感和得失钝感是一种概念。敏感和钝感是人天生的反应。我们只能说倡导求知敏感和得失钝感，但也仅仅是倡导。你爱上一个人的时候，会变得十分留意他的信息，这就是一种敏感。你对于某件事漠不关心，这就是钝感。这二者如果你不刻意改变就不会发生改变，很大程度上是先天性的东西。在这个意义上，人对于求知和得失的天生反应与我们的期待实际上很可能是相反的，即求知钝感、得失敏感。

但是要拓展格局，就需要扭转过来。求知的"知"实际上就是对于世界的认识。一生都生活在大山的人，只知道大山；一生都生活在大江的人，只知道大江；一生都生活在田园的人，只知道田园。想要突破大山、大江和田园，只能去求知。一开始，你可能只知道两层，但此时的你已经懂得了世界的丰富性，并且具备了信息优势。人类的贸易、有效迁徙都由此而来。但是，人之所以不愿意求知，是因为人类天性当中存在一种满足感性快乐的成分，求知不能够第一时间给予他感性的快乐。

至于得失，它天然地和人的生存本性有关。刚才我们所说的占有和储藏都是想要得到，这的确是不可更易的人的本性。这里的"失"包含主动和被动两方面，主动是分享，被动是遗失和丢失，在很大程度上，主动比被动难。

管子曾经说过一段话："夫物之感人无穷，而人之有好恶无节，则是物至而人化物也。"这句话的含义是人类天性有好厌，那么只要顺从其天性，治理就会变得容易。但其实，这个道理只说对了一半，顺应天性是必须的，否则就会出现对于人类本性的背弃。但反过来说，并不是每个天性都值得赞美，我们要容忍、体谅甚至一定意义上要捍卫的是人关于占有和储藏的本性，在此基础上还是要拓展，想到那些大航海时期的冒险者，他们就是一群不甘于眼前普通的幸福生活的人。如果没有大航海的勇士，人类就会一直处于一种各自为政的状态，人类的格局在很大程度上也并没有相应地打开。所以，从求知钝感、得失敏感跨越到求知敏感、得失钝感，这是负有使命的人拓展格局的一种表现形式。

【共读】

壬戌之秋，七月既望，苏子与客泛舟游于赤壁之下。清风徐来，水波不兴。举酒属客，诵明月之诗，歌窈窕之章。少焉，月出于东山之上，徘徊于斗牛之间。白露横江，水光接天。纵一苇之所如，凌万顷之茫然。浩浩乎如冯虚御风，而不知其所止；飘飘乎如遗世独立，羽化而登仙。

······

苏子曰："客亦知夫水与月乎？逝者如斯，而未尝往也；盈虚者如彼，而卒莫消长也。盖将自其变者而观之，则天地曾不能以一瞬；自其不变者而观之，则物与我皆无尽也，而又何羡乎！且夫天地之间，物各有主，苟非吾之所有，虽一毫而莫取。惟江上之清风，与山间之明月，耳得之而为声，目遇之而成色，取之无禁，用之不竭。是造物者之无尽藏也，而吾与子之所共适。"

［（宋）苏轼：《前赤壁赋》］

包容性法律实证主义（有时也被称为柔性实证主义或包容主义）和排他性法律实证主义（有时也被称为刚性实证主义）之争乃是它们在阐述法律实证主义的一个信念时所存在的差异，即法律和道德之间没有必然的或概念上的联系。排他性法律实证主义——最为杰出的倡导者是约瑟夫·拉兹对这一点是这样解释和说明的：道德标准既不是规范是否具有法律身份的充分条件，也不是其必要条件。用拉兹的话说，排他性法律实证主义的观点就是"任何法律的存在和内容都完全是由社会渊源决定的"。排他性法律实证主义者最常见的论证是以法律和权威的关系为基础的。这种理论主张，法律体系从它的本质上说都是追求权威性的，而且是为了具有权威性，法律规范的识别必须不能借助这条规范自身的内容作为行为理由（是道德理由，或者其他理由）。在这种论点之下（同时也是用拉兹的话说），服从权威的受众"不再对权威已经解决的事物再重新进行考量，只要他们以这种方式做出决定并确定决定的内容，那么他们就可以从他们的决定中受益"。包容性法律实证主义（其支持者包括朱尔斯·科尔曼、威尔弗里德·瓦拉乔、菲利普·索普、大卫·来昂斯）的主张是不同的，他们主张尽管一个法律规则（或者一个法律体系）没有必然的道德内容，但是某一法律体系可以通过惯习性规则使道德标准称为那个法律体系必要的或者充分的效力标准。对于包容性法律实证主义者来说，这种更为极端的主张似乎是很符合法律官员和法律文本谈论法律的方式。另外，包容性的观点也可以使这些理论家们接受德沃金对法律实证主义提出的那些批评，而又不用放弃他们所共同接受的法律实证主义的核心思想（他们的基础：惯习命题和社会事实命题）。有时候容易区分什么时候道德标准是法律效力的必要条件（在违宪审查时道德总是作为一个标准），什么时候道德标准是法律效力的充分条件（一些学者认为普通法判决产生的方式就是这样，另外非普通法判决中对法律原则的运用也可以被解释成道德作为法律效力的充分条件)。

（［美］布赖恩·比克斯:《法理学：理论与语境》，邱昭继译，法律出版社 2008 年版）

中闻原则——法律人的职业信念论纲

保罗·克利

第十五条　【爱心原则】仁爱之心，律师有之。律师应当奔向爱和善良。私人领域的爱是亲情、友情和爱情，公共领域的爱是对陌生人、弱者、受灾者的仁爱之心。中间领域的爱是对自己所在小共同体的认同。

【述理】

爱心原则又称仁爱原则。从本源和当代语境的角度上看，"仁""爱"二字的含义是近似的，但各有侧重。"仁"更为外化，偏重于用行动体现，即在与他人相处的过程中，对他人好。"爱"更为内化，偏重于内心的激情与动力。当然，二者只是侧重不同，"仁"自然包含"爱"所体现的激情和动力，"爱"自然也包含"仁"所体现的对他人好。

中国古人常常将"仁爱"二字一同叙述，也即所谓的"仁者爱人"。律师作为社会中的优秀分子更应当怀有仁爱之心，更应当呵护自己的仁爱之心，更应当把自己的爱心用仁爱的方式表达出来。

倘若细化，仁爱之心又可以分爱和善良两个部分。爱是发自内心的爱，有着充盈的激情与充沛的动力。但是，当我们面对完全陌生人或相对不熟悉的人时，我们很难做到爱。此时，善良就尤为重要。善良既可以表达为一种爱心，也可以包含于广义的爱心之中。善良意味着包容他人的不足，理解他人的难处，尽力去帮助他人、关心他人，而这也正是"与人为善"。

众人的爱可以区分为私人领域、公共领域和中间领域三个部分。

私人领域的爱是亲情、友情和爱情。姑妄言之，私人领域的爱就是八小时工作时间之外的爱。亲情是一个人最基础的感情。我们看禽类，会看到母鸡对于小鸡的无私的照料，这是在动物界广泛存在的一种爱的形式。这种基于血缘的爱是生命本质使然，生命的本质就是生生不息。

个体是有限的，但生生不息却是无限的，人是在生生不息中得到了永生。在这样的生生不息当中，爱自己的亲人就是基本的情感。这里的亲人包含血亲关系和拟制血亲关系。作为最基础的情感，亲情是一种本能，尤其父母对子女的爱，是一种令人泪下的本能，一种无私的爱。

此外，亲情还构成了人类社会网络的基础，愈是在社会网络当中，亲情愈发重要。一个人到了一个陌生地点，倘若遇到一个本不熟悉的同乡，那么就会对其产生巨大的亲情感。实际上"他乡遇故知"的"故知"扮演的是流动状态下的亲情角色，是一种准亲情。

友情本质上是一种社会网络当中的交往关系、精神认同关系。作为一种社会当中的智慧生物，人一定会与亲情之外的他人发生联系。在联系当中既包含着合作关系，也包含着强烈的精神认同特质。比方说，在求学阶段人一定会与周边的同学建立友情；在从军时，会成为战友；在同一个工厂工作，会成为工友。这都是在某一场域当中，经过合作、交往而形成的友谊。在此基础之上，友情又超越了合作，超越了场域，而上升到精神的层面。在精神层面，包含着发现另一个"我"的知己关系，彼此协助的互补关系，共享快乐、共担艰辛的相互支撑的关系，驱散孤独、排解忧愁的互相倾诉的关系。所以说，有些友情不亚于亲情。因为亲情未必能够到达精神交流的高度和深度。

东汉时期有一个关于生友和死友的著名典故。两位知识分子相距千里，却视彼此为死友。其中一人将要离世之时，他从内心希望死友前来送别。而死友仿佛得到了心灵感应，素衣白马，千里奔驰而来，在死者下葬那天，灵柩停下不动，仿佛在等待友人的到来。正当此时，就看到远处，哭泣飞奔而来的友人。最后，友人送别完成了葬礼。所以古人把生死看作最大的事，又把友情和生死联系在一起。

爱情当然是人内心当中最炽热的一部分以及生命中最炽热的关系。在本质上，爱情当然也与人的生命密切相连。当然，达到相对成熟的年龄之时，情爱之心就会悄然而至，遇到喜爱之人更会怦然心动。在爱情当中包含着相遇、相处、相聚的超乎寻常的快乐，也包含着失去、分开、离别的超乎寻常的失落。如果说友情当中的生死是视生死为巨大，而将友情附着于其间，那么爱情当中的生死就是视爱情为巨大，视生死为小。如果伟大的爱情是绵延不断的，较浅的爱情就是乍见之欢，就是轻易被功利所阻断，就是色衰爱弛。

私人领域的爱对于律师来说是基础，但是律师作为职业人，律师群体所强调的爱心原则中私人领域的爱并不是重点，尽管私人领域的爱也十分重要，那是律师无论从自然情感，还是从责任感出发，都必须呈现较为圆满的爱的状态。但是，公共领域的爱，对律师而言才是爱心原则的重点。

公共领域的爱表现在对弱者、受灾者的仁爱之心。这里所讲的"公共领域"是指既不包含在自己的私人领域当中，或者在自己的私人领域当中并不突出，并没有与之建立深厚的私人情感的人，很大程度上也不包含自己所在的机构当中的人，而是在自己所处的共同体之外的具体的陌生人。这里所说的"陌生人"是指需要帮助的陌生人。在一个成熟的流动社会。对陌生人是怀着深深的戒心还是怀着深深的善意，是区分这个流动社会是否成熟，是否良好的重要的指标。所谓的"乐于助人"，所援助的对象如果是陌生人，那么这样的乐于助人的指数就更高，质量就更好。

面对陌生人，报以善意与爱心，通常会遇到两种可能：一是对方感恩并且乐于回报，二是对方淡漠甚至不以为然。人们常常因为后者而放弃前者。但是，如果说所有人都怀着这样的戒心，那么陌生人之间的互信就难以建立，更谈不上爱心。所以，对于一个助人的人来说，他要帮助的是一个人，要先去帮助，后想结果和回报。而对于接受帮助的人来说，当然要杜绝冷漠之心和恶念。中国古人讲羞耻心、讲耻感化，虽然执行起来不易，但它所针对的是对爱心和善意冷漠、怀有恶意的人，这样的人即使没有受到惩罚，也应当被深深的自责所包围。一个人人乐于共建的社会，一个处于自治状态下的社会，应该有信心减少这种以恶意回报善意的现象。

弱者和受灾者，前者是普遍存在的，如未成年人和老人，相对于壮年而言，是弱者；残障人士相对于健全的人而言是弱者；出生于贫苦地区的人相对于出生于富庶地区的人而言是弱者。这样的弱者在任何一个社会都普遍存在。而受灾者则是在不可抗力之下遭遇了无妄之灾的人，他们在瞬间成为弱者。这两个群体更加希望得到帮助。毫无疑问，他们都是爱心和善意应当指向的对象。

律师作为优秀群体中的一员，绝对要担负起帮助他们的职责，释放出仁爱之心。在这过程当中，人确实应该营造一种仁爱的氛围，懂得仁爱的道理。一个成天想着勾心斗角、尔虞我诈，防范欺骗、巧施妙计等的人，是不懂得呵护自己的仁爱之心的人。一个天天诵念仁爱篇章的人，当然也可能流于形式化，但是适度地诵念显然有助于营造氛围的，是重要的也是必要的。

　　我们所说的中间领域的爱是自己所处的小共同体，比如自己就读的学校。律师事务所是一个人合的机构，那么每一位律师、每一位合伙人、每一位机构内的成员都应当参与到优化自己所在机构的共同行动中来，并且在这种优化、奉献、成长的过程中产生对它的爱与认同。如果一个人对自己所在的机构毫无认同，那么整个社会的孤岛化就会加重，只有每个人都认同，才能让孤岛化转为社群化。优良社会需要这样一种共同体意识和强烈的认同。当爱心原则表现为对一个机构的爱时，这样的爱不仅展现出精神的愉悦，还展现出活力与动力，一种持久的、能够实现新陈代谢的、能够彼此感染的良好状态的爱。

【共读】

孟子曰："君子所以异于人者，以其存心也。君子以仁存心，以礼存心。仁者爱人，有礼者敬人。爱人者人恒爱之；敬人者人恒敬之。

有人于此，其待我以横逆，则君子必自反也：我必不仁也，必无礼也，此物奚宜至哉？其自反而仁矣，自反而有礼矣，其横逆由是也，君子必自反也：我必不忠。自反而忠矣，其横逆由是也，君子曰：'此亦妄人也已矣。如此则与禽兽奚择哉？于禽兽又何难焉？'

是故，君子有终身之忧，无一朝之患也。乃若所忧则有之：舜，人也；我，亦人也。舜为法于天下，可传于后世。我由未免为乡人也，是则可忧也。忧之如何？如舜而已矣。

若夫君子所患则亡矣。非仁无为也，非礼无行也。如有一朝之患，则君子不患矣。"

（《孟子·离娄章句下》）

爱除了实现自我，别无所求。

当你爱时，而且还要伴随着某些愿望，那就把这些作为你的愿望吧：

溶化自己，变得像一条流淌的溪水，对夜色哼唱小曲；

感受过分温柔产生的痛苦；

接受由对爱的了解为你带来的伤害；

甘心情愿地任你的血流淌；

黎明即起，带着一颗生翅膀的心，满怀谢意迎接爱的新一天来临；

中午小憩，深深沉浸在爱的微醉之中；

黄昏回家，满怀感恩之情；

入睡之时，你的心为你心爱之人祈福，唇间哼吟着赞美的歌。

（［黎巴嫩］ 纪伯伦：《论爱》）

吉勒·德玛尔特：《亲爱的猫咪》，18 世纪

第十六条 **【勇气原则】**律师要有充沛的勇气。律师压力不小，所处情境与所面对问题常显复杂，无勇不立。但律师之勇既不是孤勇，也不是"公牛闯入瓷器店"式的蛮勇，律师之勇应当是智慧之勇、正义之勇，与责任感相连接的大勇。

【述理】

孔子有言："智者不惑，仁者不忧，勇者不惧。"其含义是智慧的人不会困惑，仁爱的人不会烦恼，勇敢的人不会畏惧。

所谓"智者"，是指看问题透彻周到、思路通达的人。我们的困惑常常在于看问题过于浅显，浮于皮毛；或者钻牛角尖，陷入死结。一些哲学家，他们也会发现无解的问题，进而陷入死结。基本上，智慧的人能够突破死结。仁爱的人很少忧愁烦恼，这是因为仁爱的人在一定意义上已经做好了为爱而牺牲、奉献的准备。所以面对失去，他的烦恼就会较少。勇敢的人也是如此。

患得患失就不会勇敢，不怕失去才会勇敢，才会无所畏惧。对于一名律师而言，勇气至关重要。如果说对于一名医生而言，他所面对的是人身体的相对极端的状态，面对的是常人不愿面对的流血、病变。在这个意义上，医生是向苦而生，而非趋乐避苦。医生很多时候面对的是社会当中失去、撕裂以及冲突的状态。如果说，一名军人在战时要像一个战士一样勇敢杀敌，那么和平时期的律师既需要勇敢，相较于战时的军人，又需要多出一份对于相关法律问题和相关情景的审慎的考量。律师不仅要像一位奉命杀敌的战士，还要像一位审时度势的将军。将军既需要勇敢，也需要深思熟虑。总体而言，律师行业"压力山大"。所处的情景，所面对的问题，其复杂性超过社会中的一般行业。西装革履、拉着旅行箱走在办案路上的律师们表面上呈现的是岁月静好，实际上他们是一名名疾驰的战士，"万里赴戎机，关山度若飞"。

迪士尼电影《花木兰》中，花木兰所使用的宝剑上刻了"忠""勇""真"三个字。我们如果只从这三个简洁的字来看，那么我们容易表面化其内核。"勇"在中国历史上是常见的字，常见到容易忽略，但实际上，忠诚、勇敢、真实太过重要了。近似于人们所说的信、望、爱。忠诚就是忠于职守，勇敢就是勇者无惧，真实就是不装模作样。以一个不装模作样的律师形象勇敢地忠于当事人所托付的事物。

但是律师之勇不应该是孤勇。所谓"孤勇"，是指不计代价的个体式的勇敢，也即把牺牲摆在行为效果之前的勇敢，只想自己而不周到研判的勇敢。我们说牺牲和付出都很伟大，因为保全自己是人的本能，希望在成果上有加法甚至有乘法是人的本能。但却有一类人不怕牺牲，他们愿意用牺牲的代价来争取一个其实不是很大的利益。虽然，这同样需要勇气，但这却是一种意义并不那么明显且不那么被提倡的勇气。勇于牺牲还是要放在忠于职守的逻辑当中。而且，有一些勇于牺牲的人在一定意义上只是考虑自己而去做一个勇士。尽管他勇敢的行为可能会激起一时的激荡，但是与他勇敢行为相关的，可能也会迎来一系列的麻烦。只是，他选择了牺牲，他看不到这一系列麻烦或者不愿承担这一系列的麻烦。但是，麻烦终究发生了，总要有人承担。所以，一个忠于职守的律师所托之事并没有做完，那么他的牺牲不但效果不明显，而且一定意义上也是背离职守的。简单的牺牲与孤勇是不值得提倡的。

律师之勇也不是公牛闯入瓷器店式的蛮勇。律师在处理案件的过程，面对案件进度的推进是小心翼翼的，和每一个人打交道是自信从容且谨慎细心的。在任何一个社会，人与人的联系常常处在相互牵引的、瓷器式的网络中，蝴蝶效应在流动社会中愈加凸显。大大咧咧，甚至横冲直撞，只会砸碎精美的瓷器。有些事情属于可逆转的精美瓷器，砸碎还能复原。但，有些事情则不可逆，砸碎后不可复原，也就是人们常说的"把一件事搞砸了"。所以，蛮勇是绝不可取的。有的人或许是性格使然，他觉得他的出发点是好的，勇气是可嘉的，而且是进行了预期声明的，好像此种情况就可以免责。但，实际上并非如此，我们不能选择去做声称免责就认为对方会同意的事情，不能把做事的逻辑放置在己方的免责声明上。

律师之勇应当是智慧之勇、正义之勇，与责任感相连接的大勇。

当然，我们强调智慧，并不是要用智慧冲淡勇气，勇气是一种激情，一股充沛的气息。对于相对年轻的人来说，他们存在"气可鼓而不可泄"的需要，他们的勇气是需要被呵护的，而不是变成被化解的一股内在真气。对于资深成熟的人来说，他的棱角还在，没有被磨平；他的勇气还在，没有被利益遮蔽。但是身为一名律师，只能呈现智慧之勇，也就是律师只能呈现智慧与勇气同在的复合状态，而不是单一的勇气状态。这就是选择律师职业，推进律师职业时，社会以及职业给律师提出的要求。

律师的勇气与正义相连。正义又与正气相连。所谓"正义"，说起来抽象，表现在个案当中却是具体的，甚至只能是具体的。也就是说严格地遵循程序，严格地依照事实和法律以及相关的法理，该怎样判就怎样判，这就是正义。明明是大的罪行却承担小的责任，这不是正义。在民事案件中，应当保护的权利未得到法律和司法机关的回应，因为身处弱者的位置而被法律和司法机关无视，这都不是正义。所以，在个案当中，正义从抽象走向具体。而要捍卫具体的正义比捍卫抽象的正义，更为需要勇气，也更为艰辛。更为需要勇气，也更为艰辛。能艰辛地奋斗，努力地排除障碍都是持续的勇气使然。

勇气应当与责任感相关，此处的责任感是指当事人的托付、律师事务所的托付、律师职责的托付。抽象来讲，此种勇敢是法治的正义的责任所赋予的。我们常常可以看到，一件事情成为媒体报道的焦点，由此一个人可以出名，现代社会是传媒社会，这样做当然无可厚非，但是并不是只有与传媒发生了交集的才是值得肯定的，我们仍然深信在传媒之外，一个勇敢担负了责任的律师，他会为人所尊敬与敬仰。

【共读】

孔子的"发愤忘食，乐以忘忧"工夫，实在是知命和努力的一个大榜样。儒家弟子，受其感化的，代不乏人，如汉之诸葛亮，固知辅蜀讨曹之无功，然而仍以"鞠躬尽瘁，死而后已"为职志者，深明"汉贼不两立，皇室不偏安"之义，晓得应该如此做去，故不得不做。此由知命而进于努力者也。又如近代之胡林翼、曾国藩，固曾勋业彪炳，而读其遗书，则立言无不以安命为本，因二公饱经事故，阅历有得，故谆谆以安命为言。此由努力而进于知命者也。凡人能具此二者，则作事时较有把握，较能持久。其知命也，非为懒惰而知命，实因镇定而知命；其努力也，非为侥幸而努力，实为牺牲而努力。既为牺牲而努力，做事自然勇气百倍，既无厌倦，又有快乐了。所以我们要学孔子的发愤忘食，便是学他的努力；要学孔子的乐以忘忧，便是学他的知命。知命和努力，原来是不可分离、互相为用的，再没有不相容的疑惑了。

（梁启超：《知命与努力》）

他们的行动是这样的，这些人无愧于他们的城邦。我们这些还生存的人们可以希望不会遭遇着和他们同样的命运，但是在对抗敌人的时候，我们一定要有同样的勇敢精神。这不是单纯从理论上估计优点的一个问题。关于击败敌人的好处，我可以说得很多（这些，你们和我一样都是知道的）。我宁愿你们每天把眼光注意到雅典的伟大。它真正是伟大的；你们应当热爱它。当你们认识到它的伟大时，然后回忆一下，使它伟大的是有冒险精神的人们，知道他们的责任的人们，深以不达到某种标准为耻辱的人们。如果他们在一个事业失败了，他们下定决心，不让他们的城邦发现他们缺乏勇敢，他们尽可能把最好的东西贡献给国家。他们贡献了他们的生命给国家和我们全体；至于他们自己，则获得了永远长青的赞美，最光辉灿烂的坟墓——不是他们的遗体所安葬的坟墓，而是他们的光荣永远留在人心的地方；每到适当的时机，永远激动他人的言论或行动的地方。因为著名的人们是把整个地球作他们的纪念物的：他们的纪念物不仅是在自己的祖国内他们坟墓上指出他们来的铭刻，而且也在外国；他们的英名是生根在人们的心灵中，而不是雕刻在有形的石碑上。你们应该努力学习他们的榜样。你们要下定决心：要自由，才能有幸福；要勇敢，才能有自由。在战争的危险面前，不要松懈。那些不怕死的人不是那些可怜人和不幸者，因为他们没有幸福生活的希望；而是那些昌盛的人，因为他们的生活有变为完全相反的危险，他们敏锐地感觉到，如果事情变糟了的话，对于他们将有严重的后果。一个聪明的人感觉到，因为自己懦弱而引起的耻辱比为爱国主义精神所鼓舞而意外地死于战场，更为难过。

〔［古希腊］《伯里克利在阵亡将士葬礼上的演讲》，载 ［古希腊］ 修昔底德：《伯罗奔尼撒战争史（第二卷）》，谢德风译，商务印书馆 2009 年版〕

切萨雷·里帕:《公正的审判》, 1593 年

第十七条　【底线原则】律师必须守住底线，不可违法、违背律师职业伦理和违反做人底线。

【述理】

1998 年，何怀宏先生出版了《底线伦理》一书，这是国内第一次以著作的形式讨论底线与底线伦理的问题，"底线"一词由此进入民众视野。

底线思维是人类社会中人们一直以来的共识。人之所以为人，特别重要的一点就是要守住相关的底线，某些动物作为生物可以做的事情，人不能做；某些极其恶劣的触及和突破底线的人做的事情，人们为它设置了防线和惩罚机制。但是，于国内而言，直至何怀宏先生《底线伦理》一书出版，底线思维和底线伦理才成为更加清晰的概念和理念。

"底线思维"和"底线伦理"这两个词比较好地概括了人之当为与人之不当为的最低的分界线，

既提出了最基本的要求，又提出了最基本的警醒。当经济发展到一定阶段的时候，当陌生人之间的流动比较频繁的时候，人的旧的道德约束就可能出现混乱和松动。欺骗陌生人似乎变得心安理得，欺负外来者似乎可以安之若素，甚至于互相欺诈也屡见不鲜。旧的道德出现了一定的危机。

所以，一方面在道德上，呼唤人们遵守底线，构想社会美好的道德前景和诚信前景；另一方面在法律上，确立更为完善的市场交易规则，有效地建立强化质量和约束欺诈的机制，成为有识之士的共识。

应该说，道德不是口号，而是一种发自内心的敬畏心和自觉观念。当一个人实质地扮演骗子角色时，他道德越低下，欺骗性也就越强，给社会带来的困扰也就越大。所以，倡导底线思维和底线伦理，有效地营造普遍的底线敬畏心，比高喊口号更加重要。

另一方面，底线思维和底线伦理也是一种比较务实的观念。强调利他是非常重要的，但是过度强调利他性，会使得一个人在面对对自己好、对自己的家人好、对自己的小共同体好这样的问题时，产生一定的困扰。特别高调地利他，无私地利他，这是一种圣贤式的标准。拿着圣贤式的标准要求大量的普通人做到，本身就可能带来掺水的状态。在一定意义上，这还会消解人的朴素道德观念。

所以说，"高线"不仅不容易做到，还会带来一定的混乱和困扰。相对而言，底线是人必须做到的，越出了底线就要被谴责、被惩罚、被批评。

当然，底线的共识非常重要。既然是底线，这条线就不能太高，也不能太低。底线定得太高，相当于提高了道德要求，提高道德要求当然不是坏事，但是道德要求提得越高，真正能够按要求做到的人就会越少。如果底线定得太低，就使得许多不能容忍的事情被容忍了，相当于我们宽恕了罪行。宽恕和容忍自然是比较重要的理念。但是，无原则的宽恕和容忍，有时候会给那些少数的恶人带来一种错觉，让他们以为自己的恶行和不当举措既不会被谴责，也不会被追责。

律师是以法律为"饭碗"的职业人。有的人错误地理解律师的工作，认为其工作就是钻法律的漏洞。既然是钻法律的漏洞，那么律师作为法律人，似乎行走在违法的边缘，打的是擦边球，在灰色地带里施展某种技巧，这当然是对律师的误解。

律师是受当事人的委托，以正义为追求，来履行律师提供法律服务的职责。律师所遵循的是法律、法理甚至是自然法，所要澄清的是真相，所要小心翼翼和尽其所能的事业是要让天平平衡。尤其是对于刑事辩护律师而言，律师为犯罪嫌疑人、被告人所提供的法律支持使得天平不但是平衡的，而且是不摆荡的。所以，作为法律人，律师不仅不应该钻法律的空子，而且要努力弥补法律的漏洞，纠正其不足。这种弥补和纠正都是在遵守法律和法理的前提之下。

律师应当遵守的第一条底线是不违法。对于一个普通人来说，违法有时候有一点遥远。所谓"天网恢恢，疏而不漏"，是说在良好的法治状态下，一个普通公民不应该动辄得咎，而应该拥有法律限度内相当的自由空间。有的人终其一生也没有同较为强势的公权力部门就其是否违法的事打过交道。但是，律师不一样。律师天天和法律打交道，违法其实与律师距离也不远。在这个意义上，律师要守住法律的底线。在一定意义上，这也铸造了一种事实或者理想事实——律师要做一个遵守法律和法理的示范公民。

律师应当遵守的第二条底线是律师的职业伦理。每种职业都有其职业伦理，这是这项职业的特性和社会对于这项职业提出的要求所决定的。所谓"职业"，本质上是分工。所谓"分工"，本质上是专业化。所谓"专业化"，本质上是专业知识和基于专业知识而提供的专业服务。在职业伦理当中，有些伦理是刚性的基本原则，比如医生要救死扶伤，财会人员不做假账；有些伦理要求职场人对具体指向的被服务的群体必须尽职尽责，例如医生直接服务的是病人，理发师直接服务的是需要理发的顾客，餐馆直接服务的是需要就餐的顾客，律师直接服务的是当事人。在这个意义上，有些职业伦理是抽象的原则，而有些职业伦理必须具体化。

有的律师接受了原告当事人的委托，收了原告律师费。在办案过程中，又接受了被告的委托，虽然不是以正式的被告律师出现，但他也为被告方做事，这就有种"间谍"的色彩，可怕的是他还不告诉原告。此时，原告的利益很可能被他出卖。更可怕的是原告如果委托的第一个律师这样做，委托的第二个律师也这样做，原告就有可能"怀疑人生"。接连两个律师都这样做，不仅会让原告失去对律师的信任，还会让律师行业蒙羞。律师职业伦理在此处表现为要为当事人恪尽职守，其中的应有之义就包括不能同时接受双方的委托，不能背叛当事人，不能出卖当事人，不能把当事人包括商业秘密在内的秘密、隐私透露给被告和公众。当然，被他伤害的当事人可以追责，追责既包含要求他赔偿损失，又包含要让他受到行业组织的惩戒。

对于律师来说，律师职业伦理是必须遵守的底线。所以，有些行业设定终生禁入的机制是存在一定合理性的。反过来说，律师职业伦理应当是公认的，应当具有相当的合理性。如果说对一个律师的惩戒是以他违反职业伦理为理由，但实际上他并没有违反职业伦理，那么这种惩戒不仅不能让人信服，还应当接受律师行业、学者、公众的批评。也就是说，律师应当遵守的是真职业伦理，而不是不在其执业范围内的职业伦理。

律师应当遵守的第三条底线是做人的底线。所谓"做人的底线"，有时候是清晰的，有时候又不那么清晰。它不像法律那样成文化，被概括得具有条理性。比如，一个人非常"不靠谱"，以骗人为习惯。有时候，他骗人有目的性和功利性，也就是说从骗人当中捞取好处；有时候，他骗人是无意义的，但他还是要骗，也就是说他是一个信口开河的惯骗。那么，这个人是否越出了做人的底线呢？这个社会并没有给出一个明确的回答。因为如果我们用数字来讲，一个人一年在小事上骗两三次人，这是可以容忍的；在相对大的事情上，几年骗一次人，也还是在"相对合理"的范围内。如果一个人一个月骗二十个人，那么显然是非常过分的。但是，有时候社会对他的惩戒似乎也只是避而远之，也就是说采取的是止损的方法。可止损往往建立在损失已经发生的前提之下。所以说，有些做人的底线比较清楚，已经被记录在法律当中，比如不能杀人，而有些做人的底线并没有在社会中形成有效的共识和解决方案。

尽管如此，我们还是要强调：一个给自己定位为优秀的人，他给自己主动设置的做人的底线，要高于世人所公认但还没有完全清晰化的做人的底线。也就是说，社会形成了底线共识的时候，底线不能太高，这是给社会自由的空间。但是优秀的人需要给自己设定更高的底线。在有些地方，比如骗人，社会还没有给出清楚的可执行的方案时，优秀的人当然要做到避免欺骗、欺诈他人。也就是说，不能作恶。

在这个意义上，我们可以说，律师应该是向善、不作恶的人。这样的职业人当然也会更加受人信赖。

中闻原则——法律人的职业信念论纲

【共读】

具体分析"底线伦理"这个概念，"底线"自然是一个比喻的说法，这个词有其比较鲜明乃至强烈的色彩，表示一种"很基本的"或"最重要的"的含义。记得大约十年前英文版《北京周报》在报道对笔者的一次采访时，曾径直将"底线伦理"译为"bottom-line ethics"，但这可能并不是太准确，或还不如"minimalist ethics"或"moral minimalism"庶几近之。"minimalism"在伦理学中常被译为"最小主义"，在艺术理论中常被译为"极简主义"，它也不是很好的名称，但毕竟能顾及在中西伦理思想交流中的一种呼应。但笔者认为，我们可能不必太拘泥于概念，而是主要抓住底线伦理的基本属性和两个特征，亦即：第一，它是一种普遍主义的义务论；第二，它是一种强调基本义务的义务论。

底线伦理首先是一种与目的论或后果论形成对照的义务论（deontological theory），虽然在我这里是一种比较温和的义务论。它主张行为或行为准则的"正当性"（right）并不依赖于行为的目的或结果的"好"（good），而是主要根据行为或行为准则的性质，这并不意味着道德评价和选择不要考虑行为的后果，而是说正当与否的最终根据不在行为后果而在行为或行为准则本身。

（何怀宏：《底线伦理的概念、含义与方法》，载《道德与文明》2010年第1期）

人类由于志趋善良而有所成就，成为最优良的动物，如果不讲礼法、违背正义，他就堕落为最恶劣的动物。

（［古希腊］亚里士多德：《政治学》，吴寿彭译，商务印书馆1965年版）

卢梭在退隐庐

第十八条　【适度批评原则】 律师应当是批评家。针对公共事务提出批评与建议是古代士人的情怀，而律师是现代士人之一种。但批评应是适度的、理性的和建设性的。

【述理】

如果按照字的本义，"批"是指写批注，"评"是指写评论。所谓"批注"是指画出重点，提出注释，所谓"评论"是指对原文当中的精辟词句或者不足之处提出评论。《脂砚斋批评本红楼梦》中的"批评"就是在这样一个原始的意义上使用"批评"二字，金圣叹所批评的《水浒传》亦是如此。

人们喜欢阅读脂砚斋批评的《红楼梦》、金圣叹批评的《水浒传》，就是希望看到评论着对于原文的精彩的评论和总结，就是希望看到评论者发现原文幽微之处，点出我们没有注意到的细节甚至隐情。

随着社会与语言的演进，"批评"二字发生了词义的变化，变成了责备、指出错误、要求改正。批评在这个意义上与建议连在一起，也可以说二者是一个内容的两种表达方式，批评倾向于指出错误，建议偏向于改正错误。从本质上看，批评和建议都促使被批评者或被建议者把事情做得更好。

有些时候批评、建议的事项与批评者、建议者有关，有些时候并无直接关系。有些时候批评、建议是批评者、建议者的职责，但有些时候也并非如此。

在中国古代，为了把政务做得更好，朝廷特别设置了言官，言官的职责就是批评和建议。而在现代社会，批评和建议也成为宪法赋予公民的权利。《宪法》第 27 条规定："一切国家机关实行精简的原则，实行工作责任制，实行工作人员的培训和考核制度，不断提高工作质量和工作效率，反对官僚主义。一切国家机关和国家工作人员必须依靠人民的支持，经常保持同人民的密切联系，倾听人民的意见和建议，接受人民的监督，努力为人民服务。国家工作人员就职时应当依照法律规定公开进行宪法宣誓。"《宪法》第 41 条规定："中华人民共和国公民对于任何国家机关和国家工作人员，有提出批评和建议的权利；对于任何国家机关和国家工作人员的违法失职行为，有向有关国家机关提出申诉、控告或者检举的权利，但是不得捏造或者歪曲事实进行诬告陷害。对于公民的申诉、控告或者检举，有关国家机关必须查清事实，负责处理。任何人不得压制和打击报复。由于国家机关和国家工作人员侵犯公民权利而受到损失的人，有依照法律规定取得赔偿的权利。"

而现代社会中的知识分子通过媒体发表批评和建议，也成为现代社会媒体崛起之后重要的现象、重要的景观。可以这样说，近代社会的传媒主要由新闻和评论这两大板块组成，而这里的评论很大程度上就表现为批评和建议。这些批评和建议多姿多彩，表达不同的观点和主张，代表不同群体的呼声。

在一般的社会当中，批评可以分为两种大的

中闻原则——法律人的职业信念论纲

类型：

一种是相对权威的、相对拥有权力的、相对职级高的、相对年长的人对于对应的另一批人的批评，可以说是上对下、左对右，典型的例子有领导批评下属、老师批评学生。另一种批评就是刚刚所说的来自公民和知识分子的批评，其中不存在上对下的关系、左对右的关系。从后者出发，我们可以回溯中国古典士人所发表批评的立场："无恒产而有恒心者，惟士为能。"这在一定意义上可以理解为他对公共事务的关心，不在其位也要论证，不涉其事也要评论。著名学者丁学良先生曾经引用过的比喻：一个士人要像一个牛虻一样扎一头牛，让这头牛清醒。

在一个社会上，每个人都关心各自的事物。但还有一群人，除了关心自己的事物，还关心公共事务。

现代公益诉讼的建立，多多少少与批评的机制有关。律师首先为自己和家人的生活而打拼，其次为当事人的权益而尽责，最后为促进公平正义而参与、付出。在此之外，作为法律人，作为法律知识和法治思维相对突出的人，律师可以说是天生的批评家和建议者，此处的批评和建议的侧重点各有不同，一个侧重于指出错误，另一个侧重于改正错误，但是它们的出发点都是好的，是正常的。如同一条路上，井盖开了个洞，批评者用手电照亮开洞的井盖，建议者提议把井盖堵上，二者都是为了维护道路安全和行人安全。

律师的社会角色是多重的，批评家、建议者也是律师的社会角色之一。律师所批评和建议的内容具有双重属性，第一重属性指向具体事务中错误的改进，本质上指向的是这一项事务的进步。广而言之，也可以说是社会的进步。第二重属性是它在传播的时候，让公众看到并思考。实际上，这也强化了社会的理性思维。

【共读】

臣闻吏议逐客，窃以为过矣。昔缪公求士，西取由余于戎，东得百里奚于宛，迎蹇叔于宋，来丕豹、公孙支于晋。此五子者，不产于秦，而穆公用之，并国二十，遂霸西戎。孝公用商鞅之法，移风易俗，民以殷盛，国以富强，百姓乐用，诸侯亲服，获楚、魏之师，举地千里，至今治强。惠王用张仪之计，拔三川之地，西并巴、蜀，北收上郡，南取汉中，包九夷，制鄢、郢，东据成皋之险，割膏腴之壤，遂散六国之众，使之西面事秦，功施到今。昭王得范雎，废穰侯，逐华阳，强公室，杜私门，蚕食诸侯，使秦成帝业。此四君者，皆以客之功。由此观之，客何负于秦哉！向使四君却客而不内，疏士而不用，是使国无富利之实，而秦无强大之名也。

......

臣闻地广者粟多，国大者人众，兵强则士勇。

是以太山不让土壤，故能成其大；河海不择细流，故能就其深；王者不却众庶，故能明其德。是以地无四方，民无异国，四时充美，鬼神降福，此五帝三王之所以无敌也。今乃弃黔首以资敌国，却宾客以业诸侯，使天下之士退而不敢西向，裹足不入秦，此所谓"藉寇兵而赍盗粮"者也。

夫物不产于秦，可宝者多；士不产于秦，而愿忠者众。今逐客以资敌国，损民以益仇，内自虚而外树怨于诸侯，求国无危，不可得也。

［（秦）李斯：《谏逐客书》］

在专制的国家里，人们几乎不懂得什么叫讽刺文字。在这种国家里，一面由于软弱，一面由于无知，人们既无才能也不愿意去写讽刺文字。民主的国家不禁止讽刺文字，这和一君统治的政体禁止讽刺文字，理由正是相同的。讽刺文字通常是写来反有权势的人的，这在民主国家正好宣泄作为统治者的人民的怨愤。在君主国，讽刺文字亦被禁止，然而把它当做行政的问题，而不是犯罪的问题。讽刺文字能够使一般人的怨愤转为嬉娱，使不满的人得到安慰，减少人们对官职的嫉妒，增加人民对痛苦的忍耐，使他们对所受的痛苦，一笑置之。

〔〔法〕孟德斯鸠：《论法的精神》（上册），许明龙译，商务印书馆 2011 年版〕

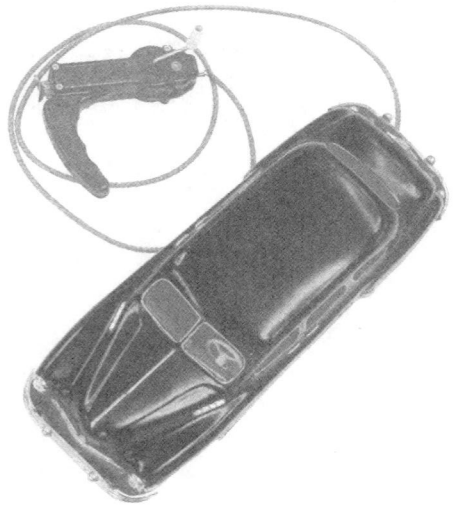

嘎斯 12 遥控汽车，1955 年

第十九条 【公司化与执业自由均衡原则】

大型律师事务所迈向公司化是大势所趋，公司化强调管理，但不应侵犯律师的执业自由。公司化与律师执业自由之间应当呈现均衡关系和均衡状态。

【述理】

在民法理论当中，关于"人"有两个基础性概念：一是自然人，二是法人。其实，此处的"自然人"指的就是人，只不过为了和"法人"相区别开，才在"人"的前面加了"自然"二字。也就是说，"法人"概念出现之后，为了区别人和法人，出现"自然人"这样的表述。那么，法人是什么呢？本质上，法人是一个组织，但拥有了人格。也就是说，它的含义表现在两个方面：第一，它是一个组织。第二，它具有民事主体地位。

为了成为一个民事主体，拥有民事主体意义上的民事权利以及财产，"法人"这一概念的界定需要更为清晰。在中国古代社会中，家族是一个组织。这个组织是否拥有民事主体的资格取决于它是否被族人认可，也就是它是否被确认。当它没有被确认为是一个组织时，其外延是泛化的。但是，确认之后它的概念就会清楚很多，包括拥有清晰的意志。

在中国，把"人"称为"自然人"，这多少有点令人误解。实际上，法人应该被称为具有法律身份的机构，但是由于法人一词实在深入人心，倒使得"人"让位"自然人"了。这也说明法人作为一个机构、一个组织，在流动的大型的社会当中，作用非常凸显。

在进入近代工商业社会之前，机构、法人的意义尚未特别突出。在农业文明当中，生产大体上以家庭为单位。尽管地主和雇工之间在一定意义上表现为机构和机构当中的被雇佣的劳动者的关系，但是这依旧可以用"家庭"来界定。在城市当中，商铺也好，匠铺也好，都表现为家庭。商铺就是贸易机构，匠铺就是工业制造机构。然而，以家庭为基础进行生产的现象在近代工商业兴起之后，就"礼崩乐坏"了，出现了超越血缘关系，基于雇佣、合资、合作的自负其责的盈利性机构。那么，这些机构也就成了大大小小的法人，在法人进一步加速前进的时候，就出现了公司化浪潮。

公司化有这几个方面的特性：第一，公司是投资者股份意义上的联合，基于其投资的数额不同，股份的大小不同，其话语权也有所不同。第二，公司以自己的资产承担有限的责任。第三，公司一般来说要形成一个以股份权利为基础的董事、董事会层次，以行政管理为基础形成的经理、总经理层次以及其他不同科层。这样的公司化应时之需、应时而生，尊重了投资，尊重了股份和股东权利，尊重了职业经理人化和公司管理科层化等时代之需。

一个公司拥有着自己独立的意志，也担负着自己的责任，既积极创造财富，又为避免出现危局而居安思危。这样的机构是法人概念的深化，以公司为形式出现的法人成为当代工商业的主体。律师事务所本身是人的集合，但是律所的模式很多，有些律所追求人少，以旧的人合模式为基本模式，有的律所则要实现规模化。这两种模式各有优缺点，前者处于"食物链"的顶层，后者则凭借规模优势，更好地实现人才的接纳、激励、培养和互动，能够给更多的优秀和志在优秀的人打开一扇门。后者一方面维持旧的人合特质，一方面迈向公司化。

应该说，律所的公司化不等于变成一个公司，而是指在律所规模化的过程当中，以一种准公司化的方式来自我发展和进行管理。实际上，公司是一种组织形式，公司本身有规模大小之分。而律所的公司化是指规模较大的律所经营管理的样态。

律所的公司化和准公司化表现在这样几个方面：第一，律所在公司运营过程中，形成了领导层和公司化意志，由管理较为专业的人来推进律所管理。第二，为了对律所成员形成有效的激励，律所也会

　　　中闻原则——法律人的职业信念论纲

将资产拆分成股份，由律师持有。持有股份的律师与律所融为一体，表现为对律所未来抱有信心，并且以荣辱与共的情怀来界定自己与律所之间的关系，不断提升自身工作的动力和热情。第三，律所公司化以走出身份、走出城市、走出国门的方式来强化律所的发展。当今世界的顶尖公司，都在以跨国公司的方式来形成公司的全球影响，拓展全球市场，吸纳全球人才。律所在此时不仅需要实现公司化，还需要实现跨国公司化。这种规模化的发展既形成了好的品牌，强化了竞争力，还将律所的文化和积极的共同体意识分享到广袤的国土和域外。

所以说，在全球化发展到相当规模的时候，律所跨国公司化是大势所趋。积极融入其间的律所，能更好地占得先机、获得发展。此时有个问题随之而来，当律所实现了公司化、准公司化时，公司化、准公司化的管理会不会与律师的职业自由形成冲突？因为在公司当中，服从统一部署是基本的样态。有的公司管理宽松，有的公司管理严格。但是其多多少少都强调管理与被管理、服从与被服从。

古典社会的贵族与平民之间形成了一种层级，这可以称为政治意义上的层级，这使得主体不得平等。而在现代社会，人与人在主体上是平等的，在法律面前是平等的。但是，人在一个公司、一个机构却普遍存在于被管理的状态当中，还真不一定有古代老农那般快活和自由，除非当代公民选择做一个自由职业者，比如流浪歌手，但这毕竟是极少数。

在律所当中，律师不同于被管理者的地方在于：一个律师可能是合伙人，一个律师可能拥有相当强的管理能力，一个律师在服务当事人的过程中，自己决定自己的事务，拓展案源，做好案子，选择自己的领域，自负其责，并且还可以根据自己的志向来选择自己愿意投身的公益事业，这显然是律师职业自由之所在。此时，公司化的管理、准公司化的管理与律师职业自由之间确实有冲突。其中涉及的管理理念是：律所公司化和准公司化不应当侵犯律

　　　　中闻原则——法律人的职业信念论纲

师的职业自由。

律所和律师之间即使形成了管理与被管理的关系，管理和自由之间的关系也应当是均衡的。广而言之，我们可以发现：这种对于个体职业自由的尊重其实也是塑造当代理念的重要方面。管理的边界是自由，自由的边界是管理。管理不应当把自由的边界束缚得极其狭小，自由当然也不能对管理持有敌对之意、排斥之意。在一定意义上，管理职权来源于自由个体和与自由个体达成的深度共识。事实上，在律所内进行的公司化、准公司化实验也构成了具有意义的探索、启蒙以及启蒙之后的重复实验和成果适用。

如果一个人上高中的时候，知道了一种解题方法但只用过一次，那么他在之后参加大型考试时，出于紧张，他对于这种解题方法的运用可能不够熟练，甚至出现误用。但是如果他多次使用，对于这一解题方法烂熟于心，那么他面对的就是一道送分题。所以，懂得一个道理并且重复运用这个道理，就会形成一种文化、一种惯性以及对于良性方式的熟练运用。这些理性的理念和行为的熟练化对于我们来说意义非同寻常。

【共读】

然体大难备，物性好偏，故所施不同，事少两兼者也。如必对其优劣，则仁以枝叶扶疏为大，孝以心体本根充实为先，可无讼也。或谓先孝后仁，非仲尼序回、参之意。盖以为仁孝同质而生，纯体之者，则互以为称，虞舜、颜回是也。若偏而体之，则各有其目，公刘、曾参是也。夫曾、闵以孝悌为至德，管仲以九合为仁功，未有论德不先回、参，考功不大夷吾。以此而言，各从其称者也。

（《后汉书》卷六十四《吴延史卢赵列传第五十四》）

法律按其真正的含义而言与其说是限制还不如说是指导一个自由而有智慧的人去追求他的正当利益。……法律的目的不是废除或限制自由，而是保护和扩大自由。这是因为在一切能够接受法律支配的人类的状态中，哪里没有法律，那里就没有自由。这是因为自由意味着不受他人的束缚和强暴，而哪里没有法律，那里就不能有这种自由。但是自由，正如人们告诉我们的，并非人人爱怎样就可怎样的那种自由（当其他任何人的一时高兴可以支配一个人的时候，谁能自由呢?），而是在他所受约束的法律许可范围内，随其所欲地处置或安排他的人身、行动、财富和他的全部财产的那种自由，在这个范围内他不受另一个人的任意意志的支配，而是可以自由地遵循他自己的意志。

〔[英] 洛克:《政府论》（下篇），叶启芳、瞿菊农译，商务印书馆 1964 年版〕

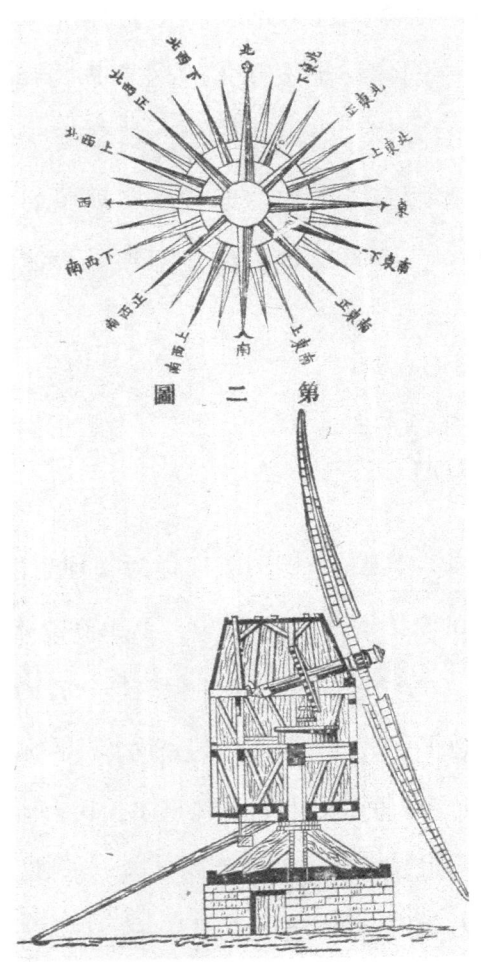

大阪平野纺织公司广告，20 世纪初

第二十条 【共同体原则】律师事务所是律师的共同体，是法律人的理想微城邦。律师是理性的人群、崇尚法治的人群和有责任感的人群，律师事务所的治理应当实现良好制度的普遍遵守，应当尊重每位律师和每位律所成员的权益。

【述理】

中国学者把柏拉图的著作译为《理想国》。实际上，在柏拉图的原文当中，至少在书名当中，"理想"二字并不那么凸显，但这样独特的翻译方式，创造了一个世界范围内的好词。波普尔曾经批评过柏拉图，顺带也批评了黑格尔，认为他们理想国式的构想当中潜藏着巨大的危险。可以这样说，在人们对于柏拉图理想国的认识中，存在着向往和警惕两种心理。实际上，这也是我们对于理想的向往和警醒，也就是所谓的"要坚持理想，但不能理想化"。

在中国古人的思路当中，也存在理想国的构想。中国古代的理想国分为复古和未来两种类型。复古理想国的例证是《周礼》，《周礼》被认为是战国时期的学者对周代礼仪和周代国家建构的后来式构想，他们通过对于西周初年的礼治的巨细靡遗的叙述，来展现他们的理想政治。而在对理想国的描述中，《大同篇》是我们非常熟悉的，它是古代知识分子构建未来理想世界的一个事例。对于理想世界的构建还表现在由玄奘等人翻译的佛经中："有情住其中，在处皆充满。国土咸富盛，无罚无灾厄。彼诸男女等，皆由善业生。地无诸棘刺，唯生青软草。履践随人足，喻若睹罗绵。自然出香稻，美味皆充足。诸树生衣服，众彩共庄严。树高三拘舍，花果常充实。时彼国中人，皆寿八万岁。无有诸疾苦，离恼常安乐。"

其实，有一些对于理想国的叙述展现的是美好的愿望，这种愿望即使短期内不能实现，也是鼓舞人心的。应该说，只要这种理想和"理想国"的设定是合理的，那么在现实当中所发挥的积极作用就会大于消极作用。所以，不同的人所表述的理想国是不一样的，我们所赞成的理想国是鼓舞人的理想国，而不是误导人的理想国，是合理的理想国，而不是完全不能达到的幻想的理想国。

对于律师而言，一个好的律所可以被构想为一个微型理想国，或微型理想城邦，或理想微城邦。这可以成为优秀律师群体的美好实践，这一理想国一定是建立在优良的设计之上，一定是基于对人性的把握，也就是既不把人看成完美无缺的人，也不把人看成率兽食人的野蛮的人。这样的一个理想国不仅不会放弃对人的监督和制约，还试图建立有效的监督和制约的机制；不仅对于哲人王有着基于法治的良好的反思，还试图构建基于专业性的良好领导机制，激发管理层的创造性，但绝不像柏拉图一样，朝着哲人王的方向深思。

社会是由不同组织各司其职、各分其工而前进的。在这过程当中，不同类别的组织基于各自的目的和人的总目的而积极工作和生活。有营利的组织，有公益的组织，有受公众委托进行公共管理的组织。这些组织既竞争又协作。有竞争就有胜利和失败，社会是通过这些组织的活动而前进的，每一个有创造性的个体既享受组织之间竞争和合作的成果，也是每个组织当中的一员。好的律师事务所就是这些组织当中特别的一员。

律师是三种人群的叠加，即理性人群、崇尚法治人群和责任感人群。律师是为自己创造财富、构建美好生活的社会中人，正因为他是社会中人，所以理论上来说，他的压力也会更大一些。初入职场，刚刚开始走上律师岗位的律师新人一般都会觉得压力比较大。

中国有一个俗语叫"吃财政"，之前被表现为"吃国家粮""吃皇粮"，就是说政府通过征税的方式让公民履行纳税的义务，税收的一部分收入就是用来给公职人员发放薪水。清雍正年间，六安州知州俸银 80 两，州同俸银 60 两，吏目俸银 31 两 5 钱 2 分，儒学学正俸银 40 两，儒学训导俸银 40 两，和尚滩巡检俸银 31 两 5 钱 2 分，马头汛巡检俸银 31 两 5 钱 6 分。

在古代除了科举出身的各个品级的官员有着较高的薪水和较高的养廉银，不同公职人员都能获得一定的物质生活保障，但律师却不在其中。应该说，在一个社会当中，分工不同，但是那些并不领取公职式薪水，却依旧努力奋斗的人，更能代表社会常态，同时也代表社会基本样态。

在社会当中，律师凭借其多年习得的法律专业知识、法律思维方式，无疑是理性的。尤其是律师的工作使得律师在生活内外都养成了这类特征：不轻易情绪化、不轻易发火、比较礼貌地对待他人，甚至比较谨慎地表达观点，我们把这类特征称为理性人群的特征。

律师崇尚法治。法治的确可以被称为一种信仰，今天回过头来看伯尔曼被梁治平先生翻译为"法律必须被信仰，否则它将形同虚设"的这句名言，有人说更好的表达可以是："法律必须被信赖。"但把法律与信仰相联系，恰好构成了改革开放以来我们对法治所形成的理论风景。信仰以往被理解为宗教式的信仰，其实这是一种狭义的使用。一个人笃定什么，坚信什么，并且有一种为它而付出的情怀，这就是一种信仰。即使在工作和生活当中，存在基于无奈而违背自己意愿去做事的情况，但总体而言，法治的信仰像光一样照耀着律师，照耀着法律人。

与此同时，律师基于其职业惯习，为当事人负责，为律师事务所负责，为家人更好的生活负责，这也塑造了律师的责任感。

律师的这三种特征像极古代的士人、读书人。古代读书人接受先哲的熏陶，讲话试图引经据典，对天下家国也有浓厚的责任感与情怀。而律师与之相比，受过现代法治的训练，更具现代法治的精神。所以，这样的人群在工作当中通过人合方式形成律师事务所，展开工作的时候，更有可能构建一个理想微城邦，或者微型理想国。

微型理想国最本质的特征是法治和活力。要实现法治就需要实现它的内部治理，拥有得到普遍遵守的良好的制度，这是律师事务所内部的"法治"。从外部来看，作为一个守法的律师事务所，遵守国家的法律是毋庸置疑的，律师履行公民职责、享受公民权利也是毋庸置疑的。一个好的律师事务所还应当有活力，正如一个好的国家要有活力。我曾经说，对于一个古代文明来说，有八个字很重要，那就是：鼓励发财，抑止犯罪。前者鼓励国家有活力，此处的"活力"首先是市场活力、经济活力。在经济活力的基础上构成个人活力、良好的文化状态、自由基础上的道德状态。如果一个古代文明把每个人都视为一个零件，只讲服从，设定细密的法网，让他无法施展能力，便是活力不够的表现。所以此处的"抑止犯罪"一方面要激发个人活力，一方面要让他少受失序人群的伤害。这里的犯罪当然也是自由活力状态之下所设计的犯罪，而不应当是严刑

　　　　　　中闻原则——法律人的职业信念论纲

峻法，规定中的"犯罪"。

所以，回头看战国时期，中国曾经出现过是迈向活力社会还是权力集中社会的选择，即使是法家，在当时也可以区分为趋向活力的法家和趋向管制的法家。毫无疑问，在今天，我们要强调活力。律师事务所也要在尊重律师权利的基础上激发律师活力，这使得一个好的律师事务所成为一个具有活力的律师事务所，这样一个生生不息的律师事务所不但是法律人心目当中的深为认同的理想微城邦，而且也将得到外部的点赞，并且形成一种外溢和辐射效应。

【共读】

大道之行也，天下为公。选贤与能，讲信修睦，故人不独亲其亲，不独子其子，使老有所终，壮有所用，幼有所长，鳏寡孤独废疾者皆有所养，男有分，女有归。货恶其弃于地也，不必藏于己；力恶其不出于身也，不必为己。是故谋闭而不兴，盗窃乱贼而不作，故外户而不闭，是谓大同。

（《周礼·大同篇》）

在私法领域存在着法与不法的斗争，需要万人团结一心的团体、国民共赴斗争。在此逃跑者无论是谁，都是对共同事业犯下了背信弃义之罪。因为它长了敌人的信心和士气，增强了敌人的力量。恣意和违法行为甚嚣尘上之时，常常证明负有法律防御之任的人们没有履行其义务。因此在私法上要求每个人在各自的岗位上维护法律，在自己岗位上做

中闻原则——法律人的职业信念论纲

法律的看守人和执行人。

（［德］耶林：《为权利而斗争》，郑永流译，商务印书馆 2018 年版）

沃尔特·克兰:《鸟，兽和蝙蝠》，1886 年